Mit den Toten leben

Rudolf Steiner

MIT DEN TOTEN LEBEN

Weisheit und Liebe für den Alltag

Rudolf Steiner Ausgaben

Der Wortlaut der in den *Rudolf Steiner Ausgaben* gedruckten Vorträge Rudolf Steiners geht auf die ursprünglichen Klartextnachschriften und Erstdrucke zurück, unter Berücksichtigung der danach erfolgten Veröffentlichungen.

2., um den Anhang erweiterte Auflage 2019

Herausgeber: Rudolf Steiner Ausgaben
(Monika Grimm, Bad Liebenzell)
Redaktion: Pietro Archiati, Bad Liebenzell
Korrektorat: Ute von Herrmann, Stuttgart
Druck: GGP Media GmbH, Pößneck

ISBN: 978-3-86772-146-2

Rudolf Steiner Ausgaben e. K.
Burghaldenweg 37 · D-75378 Bad Liebenzell
Telefon: (07052) 935284 · Telefax: (07052) 934809
anfrage@rudolfsteinerausgaben.com
www.rudolfsteinerausgaben.com

Inhalt

Drei Vorträge, gehalten in Stuttgart
am 22., 23. und 24. November 1915

1. Vortrag (22.11.1915)

Sein im Wahrgenommenwerden

Das Denken an die Toten und die Welt des Schönen

S. 9

- Der Verstorbene lebt und wirkt weiter in unserer Seele (im «Astralleib» s. Fachausdrücke S. 126) und in unserem Geist (im Ich) *S. 9*
- Nach dem Tod fühlt sich der Mensch in der geistigen Welt von geistigen Wesen «wahrgenommen». Wie er von ihnen gesehen wird, so ist er *S. 18*
- Für die Toten sind unsere Gedanken an sie, was für uns die Bilder der Kunst sind, was für uns das Schöne überhaupt ist: eine kostbare Bereicherung des Lebens *S. 25*

2. Vortrag (23.11.1915)

Leben im Tod

Die Welt der Wirkungen und der Wille zum Karma

S. 33

- Der «Lebende» empfängt das Leben von außen, der «Tote» gibt sich das Leben selbst durch innere Tätigkeit. Er gliedert sein Lebenspanorama dem Kosmos ein *S. 33*
- Der Tod erzeugt das Ich-Bewusstsein in der geistigen Welt. Das «Lebenstableau» wird im Rückblick anders erlebt, je nachdem, ob man vor oder nach dem 35. Jahr stirbt *S. 39*
- Der Tote erlebt die Wirkungen seiner Taten: all das, was die anderen Menschen dabei erlebt haben. Dies erzeugt den unbewussten Willen zum karmischen Ausgleich *S. 46*
- In der Nacht durchlebt der Mensch nochmals den Tag – und nach dem Tod erlebt er nochmals die Nächte. Die gewaltsam jung Verstorbenen lassen die Lebenskräfte ihres Ätherkörpers zurück *S. 52*

3. Vortrag (24.11.1915)

Zukunft in der Gegenwart

Die Keime der Natur und die Ideale des Menschen

S. 63

- Es wird eine «kleine Erde» in der Erde angenommen, die das ganze Jahr in Wechselwirkung mit der Sonne bleibt *S. 63*
- Bei ehrfurchtsvoller Seelenstimmung kann man erleben, wie für die Toten nur das Wirklichkeit hat, woran sie selbst geistig-seelisch wirken *S. 75*
- Der gewaltsame Jugendtod (1. Weltkrieg) befruchtet die Menschheit und die Erde mit Zukunftskeimen – so wie es die Ideale der auf der Erde lebenden Menschen tun *S. 81*
- Wenn der Mensch nicht nach dem Geist strebt, bewahrheitet sich der Materialismus, der den Menschen als reine Wirkung der Naturkräfte betrachtet *S. 91*

ANHANG

«Die Seele in der Seelenwelt nach dem Tod»

(Aus: *Theosophie,* «Die drei Welten, II.»)

S. 104

Klartextnachschrift (faksimiliert) *S. 102*
Nachwort (von Pietro Archiati) *S. 120*
Zu dieser Ausgabe *S. 124*
Fachausdrücke der Geisteswissenschaft *S. 126*
Engel-Hierarchien *S. 127*
Über Rudolf Steiner *S. 128*

Erster Vortrag

Sein im Wahrgenommenwerden

Das Denken an die Toten und die Welt des Schönen

Stuttgart, 22. November 1915

Meine lieben Freunde!

Es sind schon viele der Seelen, die ihr Streben dem unsrigen verbunden haben, durch die großen Ereignisse der Zeit (1. Weltkrieg) durch die Pforte des Todes gegangen.

Wie ich schon im Verlauf dieser Kriegszeit an diesem Ort andeuten durfte, hat es sich gerade durch das, was mit diesen Seelen erlebt worden ist, bestätigen können: Die Seelen, die aus dem Kampf heraus durch die Pforte des Todes gegangen sind, leben weiterhin das mit, was die große Welt von ihnen fordert. Sie leben mit dem Geist ihres Volkes verbunden, sie kämpfen weiter mit geistigen Waffen.

Gerade das aber auferlegt uns, meine lieben Freunde, unsere liebenden Gedanken, unsere innigsten, uns mit ihnen in Liebe verbindenden Impulse mit diesen Seelen zu vereinigen. Es wird, wenn der Sturm der Ereignisse, in den diese Seelen hineinverflochten sind, auch wenn sie schon durch die Pforte des Todes gegangen sind, es wird, wenn der Sturm dieser Ereignisse vorbei oder wenn die Zeit überhaupt geeignet sein wird, die Möglichkeit kommen, gerade mit den Gedanken, mit den Vorstellungen, die uns für diese teuren Toten beseelen, deren Totenfest zu begehen.

Auch sonst, meine lieben Freunde, hat gerade in dieser sturmbewegten Zeit die Macht des Todes ihre Mahnungen innerhalb unserer Reihen ausgebreitet. Gerade am heutigen Tag haben wir den Elementen der Erde die irdische Hülle unserer lieben Freundin Sophie Stinde übergeben. Zahlreiche Seelen, auch aus dieser Stadt, werden sich mit dieser, einer der treuesten Arbeiterinnen innerhalb unserer Reihen, tief verbunden fühlen. Es wird, wenn ich in den nächsten Tagen in München in der Lage sein werde zu sprechen, zu meinen Pflichten gehören – aber zu denjenigen Pflichten, die in tiefster Liebe geleistet werden –, auch noch innerhalb unserer Geistesströmung der teuren Seele Sophie Stindes zu gedenken.

In vieler Beziehung, meine lieben Freunde, sind wir an den Tod gemahnt worden, der in der Mitte vieler Rätselfragen des Daseins steht, die anderen Lebensrätsel zusammenfassend. An den Tod, der oft schmerzvoll, immer aber rätselhaft für diejenigen, die für Lebensrätsel eine Empfindung haben, sich in das irdische Dasein hineinstellt und der innerhalb des irdischen Daseins das ist, was seine Erklärung niemals durch dieses irdische Dasein selbst finden kann.

Es ist tief begründet, meine lieben Freunde, wenn die beiden Gedanken zusammengebracht werden, die einmal auch in dem Thema eines der öffentlichen Vorträge zusammengebracht worden sind: «Das Geheimnis des Todes und die Rätsel des Lebens».

Denn selbst eine Betrachtung, die sich über den Tod ergeht, ist nicht dazu da, wie es manche im materialistischen Lager glauben, um über etwas zu sprechen, was dem Erdleben fernsteht. Sie ist nicht ein Sichbeschäftigen mit etwas, was den Erdmenschen nichts angeht, sondern auch eine Betrachtung über den Tod bringt aus den Tiefen des Daseins heraus solche Erkenntnisse, die vom Todesgeheimnis aus das Leben hier auf der Erde zu einem starken, zu einem sinnvollen machen.

Deshalb müssen wir uns auch vom Gesichtspunkt unserer Weltanschauung aus nicht abhalten lassen, gerade zur Erklärung, zur Aufhellung des Lebens an das Rätsel des Todes heranzugehen. So sei gerade in dieser Zeit, wo der Tod auf der einen Seite uns im letzten Jahr so oft auch in unseren Reihen nahegestanden hat und wo er uns hundertfach in den geschichtlichen Ereignissen entgegentritt, in denen wir stehen, so sei das Geheimnis des Todes in die Betrachtungen dieser Tage über mancherlei Weltanschauungsfragen hineinverwoben. Wir können, indem wir an das Geheimnis des Todes herantreten, den Tod da betrachten, wo er sich in das unmittelbare Leben hineinstellt.

Der Tote selbst nimmt Abschied von diesem Sinnenleben, er betritt eine neue Sphäre, aber er bleibt vorhanden in dem Schmerz derer, die er verlassen hat. Er bleibt vorhanden in den Gedanken, die in denen leben, bei denen durch den Toten angeregt werden durften Gedanken, Empfindungen, Gefühle, solange er unter den Lebenden geweilt hat.

Und es war nicht nur eine schöne, sondern eine aus den tiefsten menschlichen Bedürfnissen hervorgehende Sitte allüberall, wo das menschliche Herz nicht kalt und dürr ist, auch im Allgemeinen für die Toten Feste anzusetzen, Totenfeste. In unsere Zeit ragen sie herein, die Totenfeste, im Allerseelentag der Katholiken, in dem Totenfest der evangelischen Konfessionen. Auch manches andere Totenfest ragt in unsere Zeit herein.

Wer sollte nicht das Gefühl haben, meine lieben Freunde, dass in dem Hereinragen dieser Totenfeste selbst eine materialistische Zeit ihren Tribut an das geistige Leben abträgt – selbst wenn der Materialismus die Seelen schon so angefressen hat, dass sie es nur unbewusst tun. Auch materialistische Seelen werden davor zurückschrecken, in anderer Weise als mit vertieftem Herzen in Gedanken an das heranzutreten, was sich mit den Totenfesten verbindet. Durch das, was die noch Lebenden für sie fühlen, empfinden und denken, bleiben die Toten noch im Leben drinnen stehen. Und so können wir auch, wenn wir den Tod im allerengsten Sinne betrachten, diese Betrachtung des Todes mitten im Leben beginnen.

Wir wissen aus den allgemeinen Betrachtungen, die durch viele Jahre hindurch von uns gepflegt worden sind, dass wir niemals sagen dürfen: Hier ist die sinnliche Welt, und abgesondert von ihr ist die geistige Welt. Die sinnliche Welt ragt in die geistige Welt hinauf und die geistige Welt ragt in die sinnliche Welt herunter.

Wenn auch die äußeren Sinne des Menschen die physische Welt nur im Sinnenschein sehen, so ist doch der Geist allüberall ausgebreitet, wie sich die Luft überall ausbreitet. Er durchwellt und durchwogt all das, was der Mensch im physischen Leben mit normalen Sinnen nur sinnlich sieht. Und es ragen da mit ihren Impulsen und Kräften diejenigen herein, die durch die Pforte des Todes gegangen sind, die in der geistigen Welt sind. Wenn auch das Band, das die im physischen Leib Lebenden mit den im Geist lebenden Toten verbindet, hinter der Schwelle des normalen Bewusstseins liegt, so ist dieses Band doch ein reales.

Dem, der sich in Geisteswissenschaft vertieft, muss manches Rätsel aufgehen, das notwendig gelöst werden muss, um das Leben zu verstehen, zu verstehen da, wo es nicht vom theoretischen, sondern vom Lebensstandpunkt selbst verstanden werden muss, von dem Lebensstandpunkt, den die Seele nicht nur im Denken, sondern in ihrem ganzen Inhalt und in ihrem ganzen Umfang einnimmt.

Versuchen wir uns das vorzustellen, was wir uns aus dem gewöhnlichen Leben gegenüber dem Tod klarmachen können. Der Tote geht von uns fort. Was sich äußerlich ändert, das ist: Unsere Augen sehen ihn nicht mehr, unseren

Händedruck können wir nicht mehr mit ihm tauschen. Unsere Worte gehen nicht mehr von uns zu ihm, seine Worte nicht mehr von ihm zu uns. Was sich von seinen Gefühlsströmen als Wärme in unser Herz ergossen hat, das strömt nicht mehr in der sinnlichen Welt zu uns.

Er hat uns durch die Zeit, in der wir mit ihm zusammenleben konnten, mithilfe seines sinnlichen Leibes, mit dem er sich in der physischen Welt umkleidet hat, immer von Neuem das Bild vorgezaubert, das wir von ihm haben. Die Veränderung, die eintritt, ist die, dass wir, wenn die Seele, der wir nahegestanden haben, durch die Pforte des Todes von uns gegangen ist, dass wir nicht mehr für unsere Verbindung mit dieser Seele jene Hilfe haben, die dadurch bewirkt wird, dass das Bild dieses Menschen mithilfe der sinnlichen Impressionen, die von ihm ausgehen, in uns erzeugt wird – mit all dem, was es an Gefühlen und Willensimpulsen wachruft, an Liebesfähigkeit, an Sympathie und Antipathie. Was in uns weiterlebt von diesem Zeitpunkt an, wo die Seele durch die Pforte des Todes von uns hinweggeschritten ist, was in uns weiterlebt, das ist das Bild, das in uns selbst ist, das uns durchdringt.

Wenn wir dieses Bild als die Imagination, als welche es in uns lebt, als welche es in unserem Ätherleib, aber insbesondere im Astralleib und im Ich fortlebt (s. Fachausdrücke S. 126), was uns aber im normalen Bewusstsein nicht zum Bewusstsein kommt, wenn wir dieses Bild zum Bewusstsein erheben wollen, müssen wir es von innen heraus tun. Was wir in uns von unserem Verhältnis zu dem Toten bewahrt haben, müssen wir aus dem innersten Seelengrund, aus dem Ich und dem Astralleib heraus, in die Glieder unseres Menschenwesens ergießen, die in uns Vorstellung und Bewusstsein erzeugen – in den Ätherleib und den physischen Leib.

Als die Seele, die durch die Pforte des Todes gegangen ist, noch bei uns war, erzeugte sie noch ihr Bild in uns. Das Bild strahlte uns von außen entgegen. Wir brauchten mit dem, was unsere Seele zu geben hat, nur dem Bild entgegenzukommen. Wenn aber der Tote von uns gegangen ist, dann müssen wir selbst das, was wir von ihm bewahrt haben, in unsere äußere Menschenhülle hineingießen, damit die Vorstellung, das Bild von ihm vor unsere Seele treten kann. Wir sind auf uns selbst angewiesen.

Wenn wir die Erinnerung an einen Bekannten haben, der nicht im Leben auf der Erde weilt, wenn wir uns seiner erinnern, unterstützt uns nicht mehr der Gedanke, dass wir diese Erinnerung nicht als Einziges haben, dass wir ihn auch noch von außen sehen können. Das ist für uns der gewaltige Einschnitt, der gemacht wird: Wir sind fernerhin, solange wir nicht selbst durch die Pforte des Todes gehen, auf die bloße Erinnerung angewiesen.

Diese Erinnerung an unbewusste Kräfte in uns, die kann niemals ausgelöscht werden in dem, was unsere tieferen Seelenglieder sind, im Ich und Astralleib. Wenn wir in den

Schlaf hineingehen, wenn die Eindrücke der physischen Außenwelt aus unserem gewöhnlichen Tagesbewusstsein versinken, wenn alle die Gedanken versinken, die wir vom Aufwachen bis zum Einschlafen haben, dann leuchten in unserem Ich und in unserem Astralleib, die wir aus unserem Leib heraustragen, die Imaginationen, die lichten Bilder der Menschen auf, mit denen wir verbunden waren und die vor uns hinweggegangen sind durch die Pforte des Todes.

In dem Teil unseres Wesens, der in uns vom Einschlafen bis zum Aufwachen lebt, da leben die Toten mit uns, wie die Lebenden auf der Erde mit uns vom Aufwachen bis zum Einschlafen leben.

Aber nur der Umstand, dass wir mit unserem physischen Leib durch vier Stadien unserer Erdentwicklung gegangen sind, befähigt uns dazu, tagsüber ein Bewusstsein zu haben. Mit dem Ätherleib zusammen vermittelt er uns das Tagesbewusstsein. Das nächtliche Bewusstsein entzieht sich uns dadurch, dass unser Ich erst während der Erdentwicklung und der Astralleib erst während der Mondentwicklung in uns eingezogen ist.

Was wir von unseren Toten im Ich und im Astralleib erleben, das werden wir erst in späteren Epochen unserer Erdentwicklung so erleben können wie jetzt das Leben mit den Lebenden auf der Erde. Das Ich ist in uns das jüngste Glied: Das muss sich erst zu einem Bewusstsein durchringen, das ein so waches Bewusstsein wie das jetzige Wachbewusstsein ist, das dadurch errungen wird, verursacht wird, dass unser Ich und Astralleib mit dem physischen und Ätherleib verbunden sind.

- Der *physische Leib* ist durch *vier Stadien* und
- der *Ätherleib* durch *drei Stadien* der Erdentwicklung gegangen;
- der *Astralleib* ist aber nur durch *zwei Stadien* und
- das *Ich* nur durch *ein Stadium* gegangen.

So ruhen diejenigen, die Geister geworden sind, die unverkörperte Seelen geworden sind, in dem Element, das wir selbst durchleben während unseres Schlafes. Aber in unser Tagesbewusstsein herein können wir sie jetzt nur aus unseren Erinnerungen zu Vorstellungen aufrufen. Es ist eine andere Kraft, die bewirkt, dass ein geistiger Impuls in uns lebt, und eine andere Kraft, die bewirkt, dass ein solcher geistiger Impuls uns zum Bewusstsein kommt.

Was auf unsere Sinne Eindruck macht, das macht es dadurch, dass es von außen in den physischen Leib und den Ätherleib einfließt. Für das aber, was nur im Ich und Astralleib ist, hat unsere jetzige normale Entwicklung nicht die Kraft, es so in den Ätherleib und den physischen Leib hineinzudrängen, hineinzupressen, dass es für uns Vorstellung wird.

Aber es ist, meine lieben Freunde, eine Verbindung tiefgeistiger Art da mit den sogenannten Toten. Denn gerade mit dem, was zu den zartesten Gliedern unserer Wesenheit zählt, sind wir mit ihnen unzertrennlich verbunden. Für eine solche Verbindung bildet der äußere Tod keinen Einschnitt, keine Wandlung. Da, in diesen zarten Gliedern, im Ich und Astralleib, da leben die Toten so wie die Lebenden. Diejenigen leben da, die aus unseren Reihen heraus Geistwesen geworden sind. Wir blicken ihnen nach mit den Mitteln der Erkenntnis, die wir haben gewinnen können im Laufe des Lebens.

Wir haben oft betont, wie ganz andersartig das Verhältnis eines Menschen zu seiner Umgebung ist, wenn er keinen physischen und Ätherleib hat, wie es in der physischen Welt ist. Wenn derjenige, der durch die Pforte der Einweihung gegangen ist, für seine Erkenntnis den physischen und den Ätherleib verlässt, dann lebt er in einer geistigen Umgebung. Er lebt so darin, wie auch der Tote darin lebt. Und wir haben auch öfter betont, wie ganz andersartig das Verhältnis zu der geistigen Welt ist, der der Wahrnehmende angehört, wenn er ein entkörpertes Menschenwesen ist – oder ein Wesen der Hierarchien oder ein Wesen der elementaren Welt. Wir haben betont, dass wir anders wählen müssen selbst die Worte, die andeuten sollen, wie das Verhältnis eines geistigen Wesens zu seiner Umgebung ist, gegenüber dem Verhältnis, das ein Wesen zu seiner Umgebung hat, das im physischen Leib verkörpert ist.

Indem wir hier in der physischen Welt stehen, meine lieben Freunde, machen die Dinge und Wesen der Außenwelt auf uns einen Eindruck. Wir stehen da, und die anderen Wesen stehen außer uns. Was sie ausstrahlen, das zieht durch unsere Sinne in unsere Seele ein. Wir sagen, indem wir ein Bewusstsein davon haben: Wir sind eingeschlossen in den Grenzen des Leibes und die anderen Wesen stehen vor uns, wir nehmen sie wahr.

Wenn wir in die geistige Welt hineinkommen, müssen wir schon die Worte anders wählen. Als geistiges Wesen *werden wir wahrgenommen* von den anderen geistigen Wesen:

- Die Tiere, die Pflanzen und die Menschen *nehmen wir wahr,* insofern wir sinnlich verkörpert sind;
- indem wir selbst in die geistige Welt hineingehen, *werden wir wahrgenommen* von den Wesen der Engel, der Erzengel, der Zeitgeister und so weiter (s. Engel-Hierarchien S. 127).

Während wir hier sagen: Wir sehen die Pflanzen, die Tiere, die Menschen, haben wir zu sagen, wenn wir in die geistige Welt eintreten: Wir erleben in uns etwas, und dieses Erleben bedeutet, dass die Geistesaugen eines anderen Wesens auf uns ruhen. Wir werden von ihm wahrgenommen. Dieses Wahrgenommenwerden, dieses Wissen, dass auf uns geschaut wird, das unterscheidet unser Leben in der geistigen

Welt von dem Leben in der physischen Welt. Schon die Worte müssen umgewandelt werden, denn es ist alles ganz anders in der geistigen Welt.

Wenn ein Wesen aus der geistigen Welt in die sinnliche Verkörperung kommt, dann muss es sich darauf gefasst machen, dass es allmählich lernen muss, durch die physischen Sinne nach außen zu schauen, eine Welt von außen zu empfangen, ein Ich zu sein, das die Welt von außen wahrnimmt. Wenn ein Wesen durch die Pforte des Todes oder auf andere Art aus der sinnlichen in die geistige Welt eintritt, muss es sich daran gewöhnen, sich zu sagen: Du bist ein Ich, aber nicht ein Ich, das isoliert in der Welt lebt, das innerlich die Erinnerungsvorstellungen erlebt, die aus dem Untergrund der Seele herauftauchen, sondern jetzt weißt du: Was in dir auftaucht, das sind die in dir auftretenden Vorstellungen, Gedanken und Empfindungen der anderen Wesen, die mit dir in der geistigen Welt zusammenleben.

So wie von außen die Eindrücke in uns hereintreten, die wir von der Sinnenwelt, von den Sinnenwesen bekommen, so treten in unserem Inneren die Vorstellungen und Empfindungen von Wesen auf, die in der geistigen Welt sind. Wir wissen, diese Vorstellungen und Empfindungen, die in uns dann im Inneren auftreten, die rühren von geistigen Wesen her, die mit uns sind. Da sind wir in der geistigen Welt: Eine Vorstellung tritt in uns auf, die Vorstellung eines Wesens, das wir lieben und das uns die Anregung gibt, das oder jenes in der geistigen Welt zu vollbringen. Woher rührt diese Vorstellung, die in uns auftritt wie hier die Erinnerung?

Das rührt daher, dass ein anderes Wesen, ein Wesen der geistigen Welt, sich uns genähert hat. Wir schauen es nicht von außen an. Wir wissen, dass es da ist, weil es das, was in ihm lebt, in uns hineinsendet. Wir werden von ihm vorgestellt, wir werden von ihm wahrgenommen. So müssen wir sprechen gegenüber dem, was in der geistigen Welt lebt.

Dadurch wird das Erleben in der geistigen Welt nicht abstrakter oder nebelhafter, damit wird es nur lebendiger. Was wir in der geistigen Welt erleben, das wird so lebendig, wie nur das lebendig ist, was wir in der physischen Welt in unserer unmittelbaren Umgebung haben. Wir müssen uns bekannt machen mit dem ganz andersartigen Zusammenleben mit den Wesen, die in der geistigen Welt sind.

Wir blicken von diesem Gesichtspunkt aus nach den Menschen, die durch die Pforte des Todes gegangen sind. Sie treten in eine Welt ein, von der sie sich sagen müssen: Ich lerne immer mehr erkennen, wie ich wahrgenommen werde, wie die entkörperten Menschen, die Elementarwesen, die Wesen der Engelhierarchien ihre Vorstellungen, Empfindungen und Gefühle in mich hineinsenden. Das alles lebt in mir.

Wir blicken hinauf zu einem solchen Menschen, der durch die Pforte des Todes gegangen ist, und wir «ahnen» ihn. So wie ein Mensch uns entgegentritt hier in der

Sinnenwelt und wir durch seine Haut das Blut ahnen, in seinen Zügen die Arbeit seiner Nerven ahnen, so ahnen wir, indem wir den geistigen, den entkörperten Menschen schauen, wie durch das, was wir an ihm erleben, die Gedanken und die Empfindungen der Engel, der Erzengel und der Zeitgeister wirken.

Hier in der physischen Welt, meine lieben Freunde, tritt uns der physische Mensch entgegen. Er hat das tierische, pflanzliche und mineralische Sein durch seine seelisch-geistige Entwicklung geadelt. Aber dieses geadelte tierische, pflanzliche und mineralische Sein tritt uns in ihm von außen entgegen. Wenn uns ein Mensch hier im physischen Dasein entgegentritt, ist sein Seelisch-Geistiges tief verborgen in seinem Inneren und leuchtet durch die Leibeshülle.

Was von seinen Impulsen in unser Auge hineinstrahlt, was in der Sinnenwelt auf uns wirkt, das ist mit der bis zum Menschentum veredelten tierischen Natur durchsetzt. Es tritt uns im Menschen die Tierheit geadelt entgegen, aber es ist die Tierheit. Auch das Pflanzliche und das Mineralische treten uns entgegen im Menschen. Die Reiche der Natur leben im Menschen auf einer höheren Stufe. Würde aber nicht im Menschen das Mineralreich leben, so würde uns niemals an der Stelle, wo uns der physische Mensch entgegentritt, ein Mensch entgegentreten können. Nur durch das, was er an Mineralischem in sich schließt, kann er einen Eindruck in uns hervorrufen.

Stehen wir aber als Geist einem geistigen Wesen gegenüber, so blicken wir – wie wir hier bei dem physischen Menschen die Tierheit sehen –, bei dem geistigen Menschen in der geistigen Welt auf das, was in diesem Menschen die Engel an Empfindungen, an Gedanken hineinströmen lassen. Was die Engel erleben, ist bis zum «Menschenleib» herunterorganisiert.

- Wie die *Tierheit* im Menschen hinauforganisiert ist, so ist in der geistigen Welt das, was die *Engel* durchzuckt, im Seelenleben des Menschen herunterorganisiert;
- wie das *Pflanzenreich* im Menschen hinauforganisiert ist, so ist in der geistigen Gestalt des Menschen das herunterorganisiert, was die *Erzengel* in ihn hineinströmen lassen;
- wie das *Mineralreich* im sinnlichen Menschen aufglänzt und der Mensch dadurch wahrnehmbar wird, so ist das, was uns als geistiger Mensch in der geistigen Welt entgegentritt, eine in sich geschlossene Imagination dadurch, dass die *Zeitgeister* das in den Menschen hineingießen, was sie an formgebender Kraft haben.

Wie die drei Naturreiche hier den physischen Menschen durchsetzen, so durchsetzen die Engel, die Erzengel und die Zeitgeister den geistigen Menschen in der geistigen Welt.

Wenn der Mensch durch die Pforte des Todes gegangen ist, so ist er, mit Ausnahme der allerersten Zeit, durch eine lange Zeit mit seinem Astralleib und mit seinem Ich verbunden. Aber so wie er da ist, der Mensch in der geistigen Welt, der sich von der Erde das Ich und den Astralleib bewahrt hat, so können in ihn zunächst die Geister der Form und diejenigen Geister hereinwirken, die wir als die Angehörigen der Hierarchie der Zeitgeister kennen, sodass sie ihn wahrnehmbar machen.

Wie das Mineralreich den Menschen hier sichtbar macht, so macht das Reich der Zeitgeister und der Geister der Form den Menschen zum festgeschlossenen Wesen in der geistigen Welt. Wie das Pflanzliche im Menschen hier in der physischen Welt nicht mehr geschaut, sondern nur geahnt wird, so wird in der festgeschlossenen Gestalt des Menschen in der geistigen Welt das geahnt, was die Erzengel in ihn einströmen lassen. Und wie uns hier das Tier im Menschen nicht tierhaft entgegentritt, wie nur die Geisteswissenschaft darauf aufmerksam macht, inwiefern die Tierwelt am Menschen einen Anteil hat, so wissen wir in der geistigen Welt auch nicht den verborgen bleibenden Anteil der Engel, der noch stark da ist, wenn der Mensch im Ätherleib ist. Er ist da, aber er kommt weniger zum Ausdruck, wenn wir in der geistigen Welt die Geistgestalt des Menschen sehen.

Wenn wir nach einiger Zeit zu dem Toten in Beziehung treten, tritt er uns so entgegen, dass wir sagen können: Er ist es – aber das, was ihm die festgeschlossene Wesenheit gibt, das ist die Art und Weise, wie die Geister der Form in ihn hineinwirken; und was noch stark geahnt werden kann an ihm, das sind die Geister der Persönlichkeit (Zeitgeister). Wie von oben, von den Engelhierarchien her organisiert, tritt uns da der Tote entgegen, wie uns hier der physische Mensch von unten, von der mineralischen Welt her organisiert entgegentritt.

Wenn wir, meine lieben Freunde, von einer Menschenseele verlassen worden sind, die durch die Pforte des Todes gegangen ist, dann bewahren wir hier im Rahmen unseres physischen Bewusstseins das Erinnerungsbild. All das, was uns teuer ist an dem Toten, bewahren wir in uns.

Das ist eine andere Erinnerung, als die Erinnerungen sind, die wir sonst im äußeren Leben haben. Unsere Erinnerungen sind Gedanken über etwas, was nicht mehr da ist, denn gerade dadurch sind sie Erinnerungen. Das, woran wir uns erinnern, das ist nicht da, es geschieht nicht in dem Augenblick, in dem wir uns erinnern. Der Inhalt unserer Erinnerungsvorstellung ist nicht da, er wirkt nicht jetzt.

Wenn wir uns aber an das erinnern, was das Wesen einer Seele ist, die mit uns verbunden war und die durch die Pforte des Todes gegangen ist, dann haben wir den Gedanken an diesen Toten. Aber er selbst, der Tote, ist auch da. Er ist in unmittelbarer Gegenwart da, er ist ein reales Wesen der geistigen Welt. Da haben wir nicht bloß eine

Erinnerungsvorstellung, da haben wir in der Seele eine Vorstellung, die eine Erinnerungsvorstellung ist, aber ihr entspricht ein reales geistiges Wesen. In uns lebt die Vorstellung, und draußen in der geistigen Welt lebt der Tote:

- Das *Wesen* ist da, und
- die *Vorstellung* ist da.

In uns, in unserem Wachbewusstsein, meine lieben Freunde, tritt das Bild des Toten auf. Es ist da, wenn wir dem Toten nachblicken, wenn wir in treuem Gedenken an den Toten das in uns gegenwärtig machen, was der Tote uns war. Was heißt das? Es ist da in einem lebendig-tätigen Prozess in unserem physischen und Ätherleib.

In unserem physischen und Ätherleib stellen wir das übrige Leben vor, das nicht der Erinnerung an teure Tote gewidmet ist; da stellen wir das vor, was in der physischen Welt ist. Rufen wir aber das Bild, das Gedanken- oder Gefühlsbild des Toten in uns hervor, dann lebt mit diesem Bild in unmittelbarer Gegenwart ein Wesen, durch das die Engel blicken und unsere Vorstellungen mit ihm verbinden.

Bedenken wir, meine lieben Freunde: Da ist mehr vorhanden, wenn wir unsere Gedanken und Empfindungen an liebe Tote richten. Da ist mehr, viel mehr vorhanden als im gewöhnlichen Zusammenleben in der Beziehung zwischen der geistigen und der sinnlichen Welt vorhanden ist. Da ist etwas vorhanden, was auch nicht vorhanden sein könnte.

Und eine Frage wirft sich für den Geistesforscher auf: Was bedeutet für die Toten die Tatsache, dass sie in der Welt weiterleben, die sie verlassen haben, in dem Reich, dessen Gefühle sie abgelegt haben? Was bedeutet für die Toten der Umstand, dass sie bei uns leben, dass wir in unserem Wachbewusstsein, das heißt im physischen und im Ätherleib, das hervorrufen, was uns mit ihnen verbindet?

Für den Geistesforscher entsteht diese Frage, eine Frage, die recht intimer Natur ist. Wenn der Geistesforscher sie löst, wirft sie Lichter auf tiefere Geheimnisse des Lebens. Denn, meine lieben Freunde, wir können diese Frage noch anders stellen, wir können sie vom Gesichtspunkt des unmittelbaren Lebens aus stellen, des Lebens, das nicht immer vorhanden ist, aber das die Menschen suchen auf die Art, wie ich es vorhin angedeutet habe.

Stellen wir die Frage so: Was bedeutet es für die gesamte Realität, wenn an einem Totengedenktag die Seelen der Menschen, die hier auf der Erde in ihren Leibeshüllen leben, nach den Gräbern gehen oder sich in Gedanken mit ihren Toten vereinigen? Was bedeutet es, wenn wir uns Erinnerungstage oder Erinnerungsstunden an die Toten machen, wenn wir ihnen vorlesen, wenn wir etwas tun, um uns mit ihnen zu vereinigen, um besonders das lebendig zu machen, was uns mit ihnen verbindet? Was bedeutet es, wenn wir im Wachbewusstsein wachrufen, was uns mit den Toten verbindet?

Diese Frage kann vor das Bewusstsein des Geistesforschers treten. Da muss er durch etwas anderes das ausdrücken, meine lieben Freunde, was sich ihm aus der Geistesforschung heraus ergibt. Man kann die wichtigsten Tatsachen der geistigen Welt nur bildlich ausdrücken. Man muss nach Vergleichen suchen, wenn man die Dinge der geistigen Welt ausdrücken will, denn unsere Worte sind für das gewöhnliche Leben geprägt, für die physische Welt. So unmittelbar mit den Worten der physischen Welt können wir nicht über die geistige Welt sprechen, wenn wir ihre Tatsachen ausdrücken wollen. Wir müssen versuchen, auf dem Umweg durch einen Vergleich solche Vorstellungen in unserer Seele wachzurufen, die uns das gegenwärtig machen, was wir uns über die geistige Welt vorstellen wollen.

Und es bietet sich dem Geistesforscher etwas hier in der physischen Welt, wodurch er eine Vorstellung von dem hervorrufen kann, was wie eine Frage vor uns aufgetaucht ist. Wir finden in der physischen Welt etwas, meine lieben Freunde, was auch nicht da sein könnte, ohne welches der äußere Naturprozess der sinnlichen Welt nicht gestört wäre, was aber jene Menschen nicht missen möchten, die das Leben in seiner Gänze zu durchleben streben. Was ist es, was wir hier in der physisch-sinnlichen Welt finden, was nicht zum fortlaufenden Naturprozess gehört, was wir aber nicht missen möchten?

Wenn wir uns von dem, was da ist und was den Naturprozess angeht, *Bilder* machen, seien es Bilder, wie sie die

Kunst macht, seien es Bilder, wie sie in neuerer Zeit durch die Fotografie hervorgerufen werden, so ist das, was uns entgegentritt in Bildern der physisch-sinnlichen Welt von den Wesen, die da sind, so ist das etwas, was zu dem Naturprozess hinzukommt, ohne das der Naturprozess auch sein könnte.

Versuchen wir einmal, uns vorzustellen, wie das Leben bereichert wird dadurch, dass wir uns Bilder von dem machen, was sonst im Naturprozess da ist. Wie sehr lechzen wir danach, außer dem Naturprozess noch die Kunst in unserer Welt zu haben. Wie sehr wollen wir von irgendetwas, was erlebt worden ist, ein Bild haben. Der Weltlauf könnte auch ohne dieses Bild fortgehen. Ein Wesen bleibt das, was es ist, auch wenn wir kein Bild davon haben. Aber wir brauchen das Bild.

An dieses wird der Geistesforscher erinnert, wenn er sich Vorstellungen über das machen will, was die Toten davon haben, dass die Lebenden sie in ihrer Seele aufleben lassen. Was der dem Naturprozess entsprechende Geistesprozess ist, auf den die Toten, also die geistigen Wesen, hinblicken, das wäre da, auch ohne dass in den Seelen der Menschen auf der Erde die teuren Erinnerungen aufleben. Aber öde und leer wäre für die Toten, für diese geistigen Wesen, der fortlaufende Geistesprozess, wie für uns das Leben öde und leer wäre, wenn wir nur den Naturprozess um uns hätten, wenn nichts Bildliches hineingestellt wäre in das Menschenleben, in den Naturprozess.

Es lässt sich mit dem Folgenden vergleichen. Wenn wir liebend eines teuren Freundes gedenken, der lange abwesend war, den wir lange nicht sehen konnten, und er uns ein Bild schickt: Es ist uns lieb, dieses Bild, es ist etwas, was unser Herz mit Wärme erfüllt, etwas, was wir brauchen. Wie wir auf dieses Bild einen großen Wert legen, so sind für die teuren Toten die Gedanken an sie, die im wachen Tagesbewusstsein der Menschen leben, wenn die Toten auf unsere Welt herunterschauen, die sie sonst nur als fortlaufenden Geistesprozess empfinden. Sie fühlen die Welt von etwas durchsetzt, was auch nicht da sein könnte und doch da ist, wenn sie das, was ein fortlaufender Geistesprozess ist, mit dem durchsetzt fühlen, was ihnen hinaufgestrahlt wird aus den Seelen, die hiergeblieben sind.

Wenn man am Totensonntag oder am Allerseelentag auf einen Friedhof geht und dort die vielen Menschen sieht, die von dem Bild ihrer teuren Toten erfüllt sind, und wenn man dann hinauf in die Seelen derer blickt, an die da erinnert wird, dann sind das wie Dome, wie Kunstwerke für diese Toten. Dann durchleuchtet für diese Toten die Welt das, was ihnen von der Erde als Bild hinaufstrahlt, was uns lieb und wert ist, was einen lieben Menschen vergegenwärtigt, wie hier ein herrlicher Dom, der uns Geheimnisse kündet.

Öde und leer von einem Wertvollen wäre für die Toten die Welt, in die sie immer blicken müssen, öde und leer wäre von ihrem Gesichtspunkt aus die Welt der Erde, wenn sie auf sie hinunterblickten und in den Seelen der hier auf der Erde Lebenden nicht das zu ihnen hinaufblickte, was nicht zu sein braucht und doch sein muss: die Gedanken, welche die auf der Erde Lebenden mit den geistig Lebenden, mit den Toten verbinden.

Ein tiefgreifender Gegensatz kündigt sich uns da an zwischen dem irdischen Leben und dem Leben im Geist. Wir müssen, um das Erdleben zu erhöhen, im Bild das, was nicht ist, für die auf der Erde Lebenden zum Erdleben hinzufügen. Eine von allem Bildlichen entblößte Erde, eine bloße Naturerde – wie öde, wie leer wäre sie!

Und jetzt erheben wir uns zu dem Standpunkt der Toten: Wenn die Erinnerungen an sie nicht in uns lebten, wenn das treue Gedenken nicht in unseren Wachbewusstseinen wäre, würden die Toten den fortlaufenden Erdprozess wahrnehmen, aber öde und leer wäre er für sie, so öde und leer wie das bildlose Naturdasein für die Erdkinder. Wenn innerhalb des fortlaufenden Geistesprozesses die Gedanken nicht wären, die wie Kunstwerke für die geistige Welt sind, wenn sie schöne Gedanken sind, wenn dem Erdprozess nicht verwoben wären die Gedanken, die auf die nicht mehr im Erdprozess Lebenden hingerichtet sind, wäre die Welt für die Toten öde und leer.

Was hier auf der Erde ein Kunstwerk zum Kunstwerk macht, was seine Schönheit erhöht, das ist etwas, was in viel geringerem Maße mit dem menschlichen Inneren zusammenhängt als das, was unsere Gedanken an die Toten für die geistige Welt sind. Denn auch in der geistigen Welt gibt es eine Schönheit. Sie entsteht aber nicht durch etwas Äußerliches, wie sie hier in der physischen Welt durch etwas Äußerliches entsteht.

Dass die Raffael-, die Leonardo-, die Dürer-Gemälde schöner sind als andere, das rührt daher, dass diese Meister mehr konnten als andere Meister. Dass ein Toter ein schöneres Kunstwerk von der Erde hinauf sich entgegenstrahlen fühlt, das rührt von der Tiefe der Innerlichkeit her, von dem heilig-geistigen Gefühl der Erinnerung, die wir für ihn fortdauernd hegen. Die Tiefe der Empfindungen für die Toten greift in unser Seelenleben ein und vertieft das Seelenleben. Im Anblick der Toten selbst machen solche Empfindungen unsere Seele schöner und schöner.

Vertiefen wir diesen Gedanken in unserer Seele, meine lieben Freunde, und wir werden durch diese Vertiefung manches finden, was uns Aufschluss über den Zusammenhang zwischen der geistigen und der sinnlichen Welt geben kann – und über das spezielle Kapitel der geistigen Welt, in der die Toten leben, und der sinnlichen Welt, in der die Erdmenschen leben.

Wir werden darauf andere Betrachtungen aufbauen, die uns in weitere Kreise der geistigen Welt einführen, nach diesem ersten Kapitel, das wir heute durchgemacht haben.

Zweiter Vortrag

Leben im Tod

Die Welt der Wirkungen und der Wille zum Karma

Stuttgart, 23. November 1915

Meine lieben Freunde!

Wenn man an das Geheimnis des Todes herantritt, dann muss man sich vor allen Dingen immer gegenwärtig halten, was auch gestern wieder betont worden ist: dass zur Charakteristik der geistigen Welt notwendig ist, den Sinn zu wandeln, der in unseren gewöhnlichen, für die physische Welt zugeschnittenen Worten liegt. Denn der sogenannte Tote tritt in die geistige Welt ein, und wie wir auch gestern angedeutet haben, ist es in der geistigen Welt von Grund auf anders als in der physischen Welt.

Was nicht nur nach geisteswissenschaftlicher Einsicht, sondern schon nach der gewöhnlichen Vernunft gedacht werden kann, das ist, dass beim Eintreten in die geistige Welt durch die Pforte des Todes das Erste für den Toten das Sichlösen des physischen Leibes von dem ist, was innerhalb dieses physischen Leibes seine Menschenwesenheit ist. Das ist natürlich eine ganz triviale Wahrheit.

Wir wollen heute in dem Sinne, wie das für die Geisteswissenschaft erforschbar ist, auf die Vorgänge hinschauen, die beim Beschreiten der Pforte des Todes und beim weiteren Verfolgen des Weges zwischen dem Tod und einer neuen Geburt in Betracht kommen. Wir wollen auf die inneren Erlebnisse des Toten hinschauen.

Für den Menschen, der hier im physischen Leben zurückbleibt, ist es so, dass er die Empfindung hat: Was in der physischen Leibeshülle eingeschlossen war, das verlässt den Zurückbleibenden. Der Tote geht fort in eine andere Welt.

Die Wahrnehmung, die der Tote hat nach dem, was für die Geisteswissenschaft erforschbar ist, das ist die, dass er seinerseits von den Erdbewohnern und auch von seinem physischen Leib verlassen wird – von dem, was das Werkzeug für seine Wahrnehmungen war, für sein Denken, sein Fühlen und seine Willenstätigkeit zwischen Geburt und Tod. Dass diejenigen, die um ihn waren, die mit ihm verbunden waren, von ihm weggehen, das ist seine erste Wahrnehmung, und dass die Erde selbst weggeht, so weggeht, dass sie die physische Leibeshülle von dem durch die Pforte des Todes Gehenden wegnimmt.

Es ist so, als ob der Tote das Gefühl hätte, dass er hinter einer Bewegung zurückbleibt, die er hier auf der Erde gar nicht wahrgenommen hat. Er bleibt hinter der Bewegung der Erde zurück: Die Erde geht von ihm fort, und mit der Erde all das, was ihn auf der Erde umgeben hat.

Er wird einer ganz anderen Welt eingegliedert, aber einer Welt, durch die er etwas wahrnimmt, was ihm vorher ganz verborgen war, durch die er wahrnimmt, dass das, was ihm als Leibeshülle gegeben war, an die Erde gebunden ist, auch an die Bewegungen der Erde. Er hat das Gefühl, obwohl das recht ungenau ausgedrückt ist, er hat das Gefühl, dass er nicht mehr den Weg mitmachen kann, den die Erde und ihre Geister machen. Daher verlassen sie ihn. Er bleibt wie in einer größeren Ruhelage zurück, er gliedert sich einer ruhigeren Welt ein.

Auf diese Wahrnehmung des Verlassenwerdens von der physischen Leibeshülle und von all dem, was man dadurch von Menschen erfahren hat, was man mit den Menschen zwischen Geburt und Tod erlebt hat, auf diese Wahrnehmung gründet sich für den Toten gar mancherlei.

Der Besitz seiner physischen Hülle war ihm während des Erdlebens etwas Selbstverständliches. Daher ist das Erste, was er jetzt wahrnimmt, das Verlassenwerden von dem, was ihm selbstverständlich als Eigentum gehörte. Wir werden sehen, wie anders das wahrgenommen wird, je nachdem man durch Krankheit oder Altersauflösung eines natürlichen Todes stirbt oder ob man eines gewaltsamen Todes stirbt, zum Beispiel eines solchen Todes, den jetzt viele Tausende sterben müssen. Danach ist diese Wahrnehmung verschieden.

Das bedeutet, dass etwas ganz Neues im Seelenleben auftritt. Das bedeutet, dass im Seelenleben etwas auftritt, was man nicht hat kennenlernen können, während man im

Leib weilte. Das Erste, was da im Seelenleben auftritt, ist das umgekehrte Gefühl gegenüber dem Leben.

Hier auf der Erde hat man das Gefühl, dass einem das Leben von außen gegeben ist, dass man durch die Lebenskräfte lebt, die einem vom Äußeren der Erde gegeben sind. Jetzt geht die Erde mit dem fort, was sie einem gegeben hat, und sogleich tritt durch dieses Verlassenwerden das Gefühl auf, dass die Kraft des Belebens von innen heraus sprudelt. Das Erste ist die Wahrnehmung eines Sichbelebens. Es ist der Übergang zu einer gewissen Aktivität, während man bisher in der Passivität verharrt hat:

> Du belebst jetzt das, was du bist. Du bist in dir selbst. Was du bisher «Welt» genannt hast, das ist von dir fortgegangen. Das, in dem du jetzt lebst, indem du es ganz ausfüllst, das erzeugt in sich selbst die Kraft zum Leben. Das belebt sich selbst.

Im Konkreten ist das so, dass sich das ergibt, was ich oft das «Lebenspanorama» genannt habe, das flutende Leben in all dem, was man zwischen Geburt und Tod erlebt hat. Die Bilder dieses Lebens treten vor die Seele. Es steigt aus dem Punkt auf, in dem man selbst ist, wie ein sich erzeugender mächtiger Traum das ganze letzte Leben zwischen Geburt und Tod.

Aber Kraft braucht dieses Bild, um nicht wie ein Traum zu sein. Es wäre wie ein Traum, wie ein hinflutender Traum, wenn man nicht die Kraft des Belebens dadurch bekommen würde, dass man das Bewusstsein hat: Die eigene Leibeshülle löst sich los von dem Geistig-Seelischen. Der Traum belebt sich. Was sonst nur flutende, dunkle Traumbilderwelt wäre, wird von demselben Punkt aus belebt, es wird eine lebendige Welt, ein lebendiges Lebenspanorama. Man ist selbst der Quell des Belebens für das, was als Traum auftaucht.

Das alles ist unmittelbarstes Erleben nach dem Tod. Das alles ist so, dass der Mensch kaum das Bewusstsein hat, er sei aus seinem früheren Bewusstsein heraus. Es ist so, als habe sich in ihm, wie aus dem Mittelpunkt seines Wesens, etwas geregt, was sich ausbreitet und was geflohen wird von jenem Leben, dem er sich bis jetzt passiv hingegeben hat.

Was man nicht gewusst hat zwischen Geburt und Tod, dass Gedanken, die sich sonst bloß wie ein Ich-Traum auf- und abwogend benehmen, dass diese Gedanken leben, das weiß man jetzt. Und man lebt sich aus dem früher fremden Leben heraus in dieses Seelenleben, in dieses Eigenleben hinein. Man erlebt, was es bedeutet, dass das mit einem verbunden wird und das Innerste ergreift. Was bisher nicht Leben, sondern Bild des Lebens war, ergreift das Vorstellen, das Denken.

Und während man sich in diese Vorstellung hineinfindet, geht allmählich eine weitere auf. Das ist die, die man nennen kann ein Sicheinleben in ein Durchtönen des

Lebenspanoramas durch das Weltall. Ich habe diese Dinge mehr im Allgemeinen schon beschrieben. Man muss sie aber immer genauer betrachten, damit man hinter die Geheimnisse der Welt kommt.

Zuerst belebt sich der erinnerte Lebenstraum, er wird selbst ein lebendes Universum, ein lebender Kosmos. Dann füllt er sich mit dem aus, von dem man sagen kann: Es durchtönt die Sphärenmusik des Weltalls diesen Lebenstraum. Man erlebt, wie das, was man selbst als ein Ausschnitt aus dem Kosmos zwischen Geburt und Tod war, von dem Kosmos aufgenommen wird, wie sich das jetzt dem eingliedert, was nicht irdisch ist, denn das Irdische hat man zwischen Geburt und Tod durchgemacht. Das Nächste ist, dass man fühlt, wie der Kosmos intim das durchzieht, was man als ein Ausschnitt war. Man hat das Gefühl, wie wenn ein inneres Licht aufgeht und das erhellt, was man war. Das alles strömt und tönt in das Lebenspanorama hinein.

Dann löst sich das ab, was der Ätherleib ist, denn alle diese Vorgänge geschehen, während der Mensch mit dem Ätherleib verbunden ist. Dann geschieht das, was man die Loslösung des Ätherleibes nennt.

Dieses Wahrnehmen des Lebenspanoramas, das man da erlebt, dieses Auskleiden des Lebenspanoramas mit den leuchtenden und tönenden Substanzen des Kosmos, ist dem Eingliedern des physischen Leibes in die menschliche Wesenheit ähnlich, wenn man durch die Geburt ins Dasein geht. Wie sich da die menschliche Substanz, die einem von der Erde gegeben ist, in das menschliche Seelenwesen hineingliedert, so gliedert sich nach dem Durchschreiten der Todespforte das Kosmische hinein. Allmählich gliedert sich das hinein.

Dieses Erleben, das da beschrieben worden ist, es ist nötig. Wenn man geisteswissenschaftlich das Leben zwischen Tod und neuer Geburt verfolgt, dann bemerkt man, welche Bedeutung dieses erste Durchleben nach dem Durchschreiten der Todespforte für das ganze Leben zwischen Tod und neuer Geburt hat.

Hier im physischen Erdleben haben wir unser Ich-Bewusstsein dadurch, dass wir in dem physischen Leib leben. Ich betone ausdrücklich: Wir haben das Ich-*Bewusstsein,* nicht das Geistige unseres Ich, nicht das Ich selbst. Unser Ich ist uns von den Geistern der Form zugeteilt, das ist etwas anderes. Aber unser Ich-Bewusstsein haben wir dadurch, dass wir im physischen Leib untergetaucht sind.

Dieses Ich-Bewusstsein im wachen Erdzustand müssen wir uns seinem Wesen nach ganz klarmachen. Wir können es uns am besten so klarmachen: Denken wir, wir bewegen uns durch einen Raum. Wir spüren nichts. Jetzt stoßen wir an etwas: Wir stoßen an die Außenwelt, aber wir werden uns selbst gewahr, wir werden in uns den Stoß gewahr, den uns die Außenwelt versetzt. Wir werden an der Außenwelt uns selbst gewahr. Wir spüren uns als den, der an die Außenwelt stößt.

Wir haben unser Ich-Bewusstsein in der physischen Welt dadurch, dass wir überall an die Außenwelt stoßen. Wir stoßen nicht nur mit dem Tastsinn, sondern auch wenn wir die Augen aufmachen, stoßen wir an – wir stoßen an das äußere Licht. Wenn Töne an unser Ohr dringen, werden wir uns selbst gewahr, indem unser Gehör an die Töne stößt. Wir werden uns selbst gewahr dadurch, dass wir jeden Morgen aus der geistigen Welt herauskommen und in die physische Welt untertauchen. Wir tauchen in unseren physischen Leib unter: Dieses Untertauchen in unseren Leib, dieses Zusammenstoßen unseres Ich und Astralleibes mit dem Äther- und physischen Leib, das erzeugt unser Ich-Bewusstsein.

Daher der Mangel an Ich-Bewusstsein in der Traumwelt, weil wir zum Ich-Bewusstsein das Zusammenstoßen mit dem physischen und dem Ätherleib brauchen. Zum klaren, wachen Ich-Bewusstsein brauchen wir dieses Zusammenstoßen.

Dem aber, der durch die Pforte des Todes gegangen ist, ist der physische Leib genommen. Auf dieselbe Weise wie zwischen Geburt und Tod kann er das Ich-Bewusstsein nicht erzeugen. Er würde ohne Bewusstsein seines Ich den Weg zwischen dem Tod und einer neuen Geburt beschreiten müssen, wenn das Ich-Bewusstsein nicht auf einem anderen Weg erzeugt würde.

Dieser andere Weg ist der, dass, unmittelbar nachdem wir durch die Pforte des Todes geschritten sind, all das fortwährend bleibt, was wir im Ätherleib durchlebt haben. Das bleibt die ganze Zeit über zwischen dem Tod und einer neuen Geburt.

Auch in dieser Beziehung ist das Leben in der geistigen Welt zwischen dem Tod und einer neuen Geburt entgegengesetzt dem physischen Leben hier zwischen Geburt und Tod. Hier in der physischen Welt kann sich der Mensch des Moments seiner Geburt nicht erinnern, das Erinnern setzt erst später ein. An sein Geborenwerden erinnert sich der Mensch nicht, das steht in einer größeren zeitlichen Ferne, als der Weg der Erinnerung rückwärts durchmachen kann. Das aber, was der Mensch jetzt von der Seite des Todes innerlich erlebt, das bleibt das ganze Leben zwischen dem Tod und einer neuen Geburt hindurch für die Seele bestehen.

- Das *Todeserlebnis bleibt* ebenso gewiss bestehen, wie
- das *Geburtserlebnis verschwindet,* wenn der Mensch in die physische Welt eintritt.

Auf seine Geburt sieht der Mensch nicht zurück in der physischen Welt; auf seinen Tod sieht er zurück in der ganzen Zeit zwischen dem Tod und einer neuen Geburt. Dieses Zurückschauen, dieses Antreffen des Erlebnisses des Todes ist das, was zwischen dem Tod und einer neuen Geburt das Ich-Bewusstsein erzeugt. Dem verdanken wir es.

Der Augenblick des Todes ist nur von der Seite des physischen Lebens aus gesehen etwas Schreckliches. Nur wenn man ihn von dieser Seite aus sieht, hat er Grauen und Schrecken. Der Tote sieht ihn aber von der anderen Seite. Und von der anderen Seite aus gesehen hat es nichts Furchtbares, dass der Moment des Todes für das ganze Leben zwischen Tod und neuer Geburt bleibt. Wenn er von der physischen Seite des Lebens aus gesehen Vernichtung ist, so ist er das Herrlichste, das Größte, Schönste und Erhabenste, was von der anderen Seite des Lebens aus immerfort gesehen werden kann.

Da bezeugt er fortwährend den Sieg des Geistes über die Materie, die selbstschöpferische Lebenskraft des Geistes. Im Fühlen der selbstschöpferischen Lebenskraft des Geistes ist das Ich-Bewusstsein in der geistigen Welt vorhanden. In der geistigen Welt hat man das Ich-Bewusstsein gerade dadurch, dass man fortwährend innerlich sich selbst erzeugt, dass man niemals an ein bestehendes Sein appelliert, sondern immer sich selbst erzeugt und in diesem Sich-selbst-Erzeugen sich rückwärts nach dem Moment hin berührt, da der Tod eingetreten ist.

Wir können also angeben, auf welche Weise das Ich-Bewusstsein, das Selbstbewusstsein in der Zeit zwischen Tod und neuer Geburt erzeugt wird.

Die große Bedeutung hat dieses Erlebnis der Geburt des Ich-Bewusstseins in der ersten Zeit nach dem Tod. Dieses erste Erlebnis ist auch verschieden, je nachdem der Mensch ein höheres Alter erreicht und dann auf naturgemäße Weise durch die Pforte des Todes geht oder schon im zartesten Kindesalter oder in der Blüte seiner Jahre dahingerafft wird. Von einer ganz besonderen Bedeutung in Bezug auf den Unterschied auf diesem Gebiet ist *das 35. Lebensjahr* – natürlich annähernd, nicht pedantisch genau.

Wenn das stattfindet, was jetzt in tausendfältiger Weise stattfindet, dass junge Leute in der Blüte ihres Lebens durch die Pforte des Todes schreiten, wenn ein Mensch überhaupt jung durch die Pforte des Todes schreitet, dann ist das Erblicken des geschilderten Lebenstableaus mit seinen belebenden Vorgängen anders, als wenn man nach dem 35. Lebensjahr durch die Pforte des Todes schreitet.

Man kann sagen, obwohl es natürlich schwierig ist, für solche Verhältnisse die richtigen Worte zu finden, dass jemand, der im jugendlichen Alter dahinstirbt, das Gefühl hat: Das Traumbild deines Lebens taucht auf, du belebst es aus dem Mittelpunkt deines Wesens heraus. Aber indem du deine eigenen belebenden Kräfte über dieses Lebenstableau ausgießt, steht hinter diesem Lebenstableau noch etwas wie ein Rest aus der Welt, aus der du herausgeschritten bist, indem du durch die Geburt gegangen bist.

Stirbt ein Kind, dann ist das Lebenstableau außerordentlich kurz. Wenn ein sechsjähriges Kind stirbt, so hat das Lebenstableau noch keinen reichen Inhalt. Dafür aber tritt hinter diesem Tableau, wie von hinten herein es schattierend, noch viel von dem auf, was in der geistigen Welt durchlebt worden ist, bevor die Geburt eingetreten ist – oder bevor man «jung geworden ist», wie man früher in der deutschen Sprache auch gesagt hat. Goethe hat den Ausdruck gebraucht, ein schöner Ausdruck, der jetzt verloren gegangen ist.

Wenn ein Kind stirbt, das noch keine Rückerinnerung bekommen hat, bei dem noch nicht der Zeitpunkt eingetreten ist, bis zu dem man sich zurückerinnert, hat es nicht ein solches Lebenstableau, in dem es sich unmittelbar drinfühlt, wie der Mensch sich drinfühlt, wenn er später stirbt. Es tritt durch das ganze «Lebenstableau» das heraus, bloß ein wenig modifiziert, was es um sich gehabt hat vor der Geburt. Dieses Erschauen bestimmter Reste der geistigen Welt, die man durchlebt hat, bevor die Geburt eingetreten ist, das verliert sich erst für die Rückschau nach dem Tod, wenn man das 35. Lebensjahr durchschritten hat.

Man soll niemals in die Versuchung kommen, sich dem gar nicht ungefährlichen Gedanken hinzugeben, was für den Menschen besser wäre: vor dem 35. Lebensjahr oder nach dem 35. Lebensjahr zu sterben. Diesem Gedanken soll man nicht nachgehen, man soll ihn nicht hegen, sondern man soll erwägen: Wann man durch die Pforte des Todes schreitet, das soll man im strengsten Sinne des Wortes einzig und allein dem Karma überlassen. Aber die Dinge verstehen, das ist wichtig.

Hat man das 35. Lebensjahr überschritten und stirbt man danach, dann ist nicht die Möglichkeit gegeben, etwas von dem Rest des vorhergehenden Lebens vor der Geburt noch zu schauen, das ist abgedunkelt. Aber das Lebenstableau, das tritt auf. Nur hat man ein starkes Gefühl, dass man es von innen heraus erzeugt, dass man es selbst spinnt. Aber es wird belebt, dieses Gespinst. Dadurch unterscheiden sich ganz wesentlich das Sterben vor dem 35. Jahr und das Sterben nach dem 35. Jahr in Bezug auf das Lebenstableau.

Das vor-35-jährige Lebenstableau hat noch viel mehr den Charakter, dass es wie von außen an einen herankommt, wie aus einer geistigen Welt heraus, und dass man ihm nur das entgegenschiebt, was man selbst erlebt hat. Das nach-35-jährige Lebenstableau ist so, dass einem von außen zuerst mehr ein Leeres, ein Verdunkeltes entgegenkommt, und dass man diesem Dunkel das entgegenbringt, was man sich im Leben erworben hat. Aber es entzündet sich dadurch nicht minder lebendig.

Es ist das innere Erleben dadurch anders, dass man es das eine Mal wie das Herankommen einer Fata Morgana hat, der man entgegengeht, das andere Mal wie das völlige Hineintragen der eigenen Welt in die Welt des Kosmos. Das alles hat für das Leben eine große Bedeutung, wie wir morgen noch sehen werden. Dieser bedeutungsvolle Vorgang, dass uns unser physischer Leib in einem bestimmten Lebensalter entrissen wird, das hat eine große Bedeutung für die Art des Lebens nach dem Tod. Aber es hängt innig zusammen mit unserem ganzen Karma.

Dann kommt die Zeit, wo wir das Gefühl haben: Jetzt bist du erst aus dem Irdischen draußen. Unmittelbar beim Durchschreiten der Pforte des Todes hat man das Gefühl, der irdische Leib geht von einem fort. Die Freunde, die Menschen, mit denen man zusammen war, gehen von einem fort. Die Erlebnisse, die man mit ihnen hatte, gehen von einem fort. Man ist für eine Weile mit sich allein, allein mit dem, was man erlebt hat.

Natürlich ist im Lebenstraum all das drinnen, was man mit den Menschen erlebt hat. Man beschaut es als das, was die Menschen in einen eingegraben haben, aber so, dass man in sich lebt und in sich den Lebenstraum belebt. Man hat da den Eindruck, auch die Erde geht von einem fort, aber man lebt noch durchaus in derselben Sphäre, in der sich die Erde befindet, in der Sphäre, die noch zur Erde gehört.

Das Ablegen des Ätherleibes erlebt man so, dass man das Gefühl hat: Jetzt bist du nicht nur aus der Erde und ihrer Substanz heraus, sondern auch aus dem heraus, was die unmittelbarste Umgebung der Erde ist, aus dem Licht. Du bist auch von dem fort, was als dichte Substanzialität auf der Erde die Sphärenmusik unhörbar macht. Du bist – das ist der letzte Eindruck, der sehr bedeutsam ist und der dann etwas Bleibendes ist –, du bist fort aus der Gewohnheit, dich und deine Umgebung vom äußeren Licht beleuchten zu lassen.

Es ist eine dumme Vorstellung, die jene haben, die glauben, wenn man von der Erde zur Sonne wegfliegen würde, so würde man immerfort durch das Licht fliegen. Diese fantastische Vorstellung haben gegenwärtig die materialistischen Physiker. Der Glaube, dass die Sonne in der Weise, wie man es in der Physik beschreibt, Licht verbreitet, dass das Licht durch den Weltraum geht und auf die Erde fällt, das ist einer der ärgsten Aberglauben.

Man merkt das nach dem Tod dadurch, dass man sich vom Ätherleib frei fühlt und weiß, dass nur in dem Gebiet, das zur Erde gehört, das vorhanden ist, was wir als Sonnenlicht hier im physischen Leben haben. Man hat die Wahrnehmung: Jetzt stört dich das äußerliche Licht nicht mehr. Jetzt ist es das innerlich erzeugte Licht, das sich in dem Durchtönten ausbreitet. Das innere Licht kann wirksam werden, weil das äußere Licht nicht mehr das innere Licht stört.

Mit dem Ablegen des Ätherleibes beginnt der Eintritt in jene Welt, die die Welt des Kamaloka (Ort der Begierden) genannt wird. Wir können sie auch die *Seelenwelt* nennen, denn es tritt jetzt, nachdem zuerst die innere Belebekraft aufgetreten ist, etwas wie ein inneres Durchwärmen dessen auf, was man ist, wenn man mit sich allein ist.

- Nach dem *inneren Durchleuchten* tritt das auf,
- was sich wie ein *inneres Durchwärmen* ausnimmt.

Hier auf der Erde hat man das Durchwärmen, indem man Wärme von außen empfängt und sich darauf angewiesen fühlt im physischen Leib. Jetzt tritt das innere Durchwärmen auf, und dieses Durchwärmen ist so, dass man fühlt: Du bist jetzt imstande, in dem Element, in dem du lebst, in dir dieselbe Empfindung selbst hervorzurufen, die du früher als «Wärme wirkt auf mich» hattest. Das durchzieht das Lebenstableau mit Wärme.

Dadurch tritt man in ein völlig neues Element ein. Man hat das Gefühl, dass der Ätherleib einen verlässt. Und das ist der Eintritt in die Welt, die mit vollem Bedacht in meinem Buch *Theosophie* die Welt der «Begierdenglut» genannt worden ist, weil die Wärme, die von innen auftritt, zugleich Begierde ist, sich erzeugende fließende Begierde. Ein Empfinden des Willenselementes ist sie. Und in sie hinein mischt sich schon das, was uns für eine längere Zeit bleibt: das Erleben der Seelenwelt, das wir öfter als ein Zurückerleben des Lebens geschildert haben. Wir können diese Dinge nur nach und nach genauer schildern.

Man schreitet zurück von dem Erleben des Todes gegen die Geburt hin. Und man erlebt von der anderen Seite all das wieder, was man hier im physischen Leben durchlebt hat. Aber nicht so erlebt man es, wie man es hier in der physischen Welt durchlebt hat, sondern man erlebt es auf moralische Weise. Wenn man an einem bestimmten Zeitpunkt zwischen Geburt und Tod jemandem eine Verletzung zugefügt hat, hat man in sich das gespürt, was man getan hat, aber nicht das Leid, das der andere empfunden hat. Jetzt erlebt man dieselbe Sache wieder, aber nicht das, was man in sich selbst an Zorn oder Antipathie erlebt hat, sondern so, wie der andere es erlebt hat. Man breitet sein eigenes Erleben auf die Wirkungen seiner Taten aus, die da waren zwischen Geburt und Tod. Man lebt sich in alle Wirkungen seiner Taten hinein.

Das ist die Grundlage des Lebens zwischen dem Tod und einer neuen Geburt, dass man sich während des Lebens in der Seelenwelt nach und nach in das hineinlebt, was man zwischen Geburt und Tod bewirkt hat, dass man in dieses allmählich untertaucht. Wie man sich hier von Kindheit an nach und nach in die Natur hineinlebt, wie man die Natur wahrnehmen und verstehen lernt, so lebt man sich in der Zeit nach dem Tod in die Wirkungen seiner eigenen Taten, in die Wirkungen seiner eigenen Gedanken und Worte, kurz in die gesamte *Welt der Wirkungen* hinein. Man strömt aus in die Welt der Wirkungen.

Aus diesem Untergrund tauchen schon geistige Wesen nach und nach auf, die Wesen der höheren Engelhierarchien und die Wesen der Elementarwelt. So wie hier auf dem Boden der Natur Tiere, Pflanzen, Mineralien auftauchen, so tauchen innerhalb dieses Zurückerlebens, wo wir in die Wirkungen unserer Taten eintauchen, die Wesen der geistigen Welt auf. Das ist dann der Grundboden unserer Welt. Da kommen uns die geistigen Wesen entgegen, wie uns in der physischen Welt die physischen Wesen entgegenkommen.

Mit den geistigen Wesenheiten der Elementarreiche und der höheren Hierarchien kommen uns auch die Seelen entgegen, die mit uns in Zusammenhang gestanden haben, die Seelen, die früher verstorben und schon in der geistigen Welt sind, oder die Seelen, die noch im physischen Leib verkörpert sind, mit denen wir hier einen Zusammenhang gehabt haben. Mit alldem belebt sich der Grundboden des Lebens, das Sichauflösen in die Welt seiner eigenen Taten.

Und da ist wieder wahrzunehmen, dass ein Unterschied besteht, meine lieben Freunde, zwischen dem Wahrnehmen einer Seele, die noch auf der Erde weilt, und einer Seele, die auch schon durch die Pforte des Todes gegangen ist. Der Tote weiß, ob er es mit der einen oder mit der anderen Seele zu tun hat. Wenn er es mit einer Seele zu tun hat, die noch im irdischen Leib weilt, dann hat er das Gefühl, dass diese Seele selbst mehr von außen das Bild, die Imagination formt und an ihn heranbringt. Bei einer Seele, die auch schon zu den entkörperten Seelen gehört, ist ein viel aktiveres Erleben da. Da hat der Tote das Gefühl, dass die Seele an ihn herankommt, dass er aber selbst das Bild für diese Seele formen muss.

- *Der Tote* kommt mit seiner Wesenheit an einen heran, sein Bild muss man aber selbst formen;
- *der noch Lebende* bringt einem sein Bild entgegen, wenn man auf ihn hinunterschaut.

Und jetzt durchlebt man mit moralischer Betonung all das, was man seine Taten nennen kann, das heißt die Wirkungen dessen, was man gedacht, gefühlt, gewollt und getan hat. Da taucht man unter, da lebt man sich hinein. Man taucht so ein, dass man das Erlebnis hat: Du hast jemanden verletzt; jetzt erlebst du, was der andere durch deine Verletzung erlebt hat. Das ist jetzt eigenes Erleben, was der andere hier in der physischen Welt erlebt hat. Das macht man selbst durch. Und indem man es durchmacht, taucht ganz wie durch innere, elementare Notwendigkeit in einem die Kraft auf: Das musst du ausgleichen, das musst du wiedergutmachen.

Das ist so, dass man den Vergleich machen kann: Nehmen wir an, eine Fliege fliegt uns entgegen. Wir schließen die Augen – wir führen unter einem Eindruck eine Tätigkeit aus. Jetzt ist das nach dem Tod so: Wir erleben das, was irgendetwas, was wir begangen haben, bewirkt hat. Dann antworten wir in uns selbst darauf im Erzeugen der Kraft, das auszugleichen, was der andere durch die Verletzung erlebt hat. Indem wir das durchleben, rückläufig im Seelenland erleben, nehmen wir in uns die Kraft auf, in diesem Menschen, der das durch uns erlebt hat, das wieder wegzuschaffen. Damit ist der Wunsch erzeugt, im Erdleben mit ihm zusammen zu sein, um das, was man ihm erwiesen hat, wieder auszugleichen.

Da erzeugen sich während dieses Rückerlebens die ganzen Kräfte zum Karma, zum ausgleichenden Karma. Die nimmt man da auf. Also schon in diesen ersten Jahren oder Jahrzehnten nach dem Durchgang durch die Todespforte erzeugt man das Ausleben des Karmas.

Und so wahr, als im Keim eine Wachstumskraft ist, die sich erst später in der Blüte auslebt, so wahr ist jetzt schon in der Zeit nach dem Durchschreiten der Todespforte im Toten die Kraft als Wurzelkraft, die das ganze Leben hindurch zwischen dem Tod und einer neuen Geburt bestehen bleibt und die sich dann im nächsten oder in einem späteren Erdleben als karmischer Ausgleich dessen auslebt, was man getan hat.

So erzeugt sich der Wille, der dann unbewusster Wille zum Karma wird.

Jetzt können wir noch etwas näher betrachten, was wichtig ist für die Erkenntnis des Lebens zwischen dem Tod und einer neuen Geburt. Wir können es betrachten, wenn wir noch einmal einen Blick auf eine Abwechslung im irdischen Leben werfen, die uns in ihrer äußeren Erscheinung gut bekannt ist und über deren inneres Geheimnis wir manche Betrachtung angestellt haben: die Wechselwirkung von wachem Tagesleben und nächtlichem Schlafleben. Wir wollen heute von einem gewissen Gesichtspunkt aus noch einmal auf das Wachen und auf das Schlafen sehen.

Äußerlich betrachtet besteht der Schlaf darin, dass wir mit unserem Ich und Astralleib außerhalb des physischen und des Ätherleibes sind. Es bleibt das Schlafleben unbewusst, wenn es nicht vom Traumleben durchsetzt ist, aber es ist nicht untätig. Im Gegenteil: Das Schlafleben ist ein viel tätigeres Seelenleben als das wache Seelenleben, wenn es auch während des normalen Erdlebens unbewusst bleibt.

Das wache Seelenleben ist nur deshalb so intensiv, weil die Tätigkeit von Ich und Astralleib am Äther- und physischen Leib einen Widerstand erfährt. In diesem gegenseitigen Sichstoßen von Ich und Astralleib einerseits und physischem und Ätherleib andererseits wird etwas wie Stöße und Gegenstöße entwickelt, was uns als waches Tagesleben erscheint, während wir nicht in der Lage sind, die fortwährende und noch intensivere Tätigkeit des Nachtlebens zum Bewusstsein zu bringen. Es stößt nicht an den physischen und Ätherleib an, daher wird es nicht bewusst.

An sich ist das Tagesleben schwächer, es wird nur dadurch bewusst, dass es fortwährend an Ätherleib und physischen Leib antrommelt. Dieses Antrommeln nehmen wir wahr, während die intensivere Tätigkeit des Schlaflebens ins Unbestimmte hinausgeht, nicht an irgendetwas antrommelt und dadurch unbewusst bleibt. Aber womit beschäftigt sich der Mensch während des Schlaflebens?

Wenn Träume auftreten, so sind diese Träume nicht die wirkliche Tätigkeit während des Schlaflebens, sondern sie sind eine Verbildlichung dieser Tätigkeit durch die Erinnerungen des Tageslebens. Die Bilder des Traumes entstehen dadurch, dass das Tagesleben seinen Teppich über die eigentliche innere Tätigkeit ausbreitet und dadurch im Traumleben mancherlei wahrgenommen wird. Das Ich und der Astralleib sind in einer lebendigen Tätigkeit. Wenn sich das mit dem Ätherleib berührt und der Mensch an den Ätherleib anstößt, dann entsteht der Traum. Aber der Traum benutzt vom Ätherleib die Erinnerungen des Tageslebens, um die unsichtbar bleibende Tätigkeit von Ich und Astralleib sichtbar zu machen.

Hinter den Traum kommt man nur, wenn man die Bilder in Bezug auf den Charakter ihres Ablaufs nimmt, wenn man die Bilder verstehen lernt. Träume müssen erst in der richtigen Weise gelesen werden, es muss erst die richtige Auslegekunst dahinter stehen. Dann weisen sie in die bedeutungsvolle Wirklichkeit hinein, die das Ich und der Astralleib im Schlaf ausführen. Diese Tätigkeit, die da der Mensch ausführt, enthüllt sich der Geistesforschung.

Womit beschäftigt sich diese Tätigkeit vom Einschlafen bis zum Aufwachen? Diese Tätigkeit beschäftigt sich damit, dass man in viel intensiverer Weise die Tageserlebnisse noch einmal innerlich durchlebt, dass man zum Selbstbeurteiler der Tageserlebnisse wird.

Es ist trivial gesagt, aber tiefinnerlich wahr: Man lebt im normalen Bewusstsein «in den Tag hinein», man lässt die Ereignisse, die sich um einen abspielen, einfach ablaufen. In der Nacht nimmt man aber im Ich und Astralleib – geistig und seelisch – die Tagesereignisse viel ernster, viel bedeutungsvoller. Man wägt sie, man prüft sie in Bezug auf ihren Wert für die Welt. Man beschäftigt sich damit, was sie für eine Bedeutung haben im ganzen Weltzusammenhang. Eine ungeheure innerliche Gründlichkeit in der Lebensbetrachtung ist ausgegossen über die Tätigkeit vom Einschlafen bis zum Aufwachen, nur bleibt sie im normalen Leben unbewusst.

All das, was da der Mensch wie ein nochmaliges Durchleben des Tageslebens jede Nacht durchmacht, meine lieben Freunde, hat eine große Bedeutung als Vorbereitung für das Leben nach dem Durchschreiten der Pforte des Todes.

Betrachten wir noch einmal mit den Mitteln der gewöhnlichen Betrachtung dieses fortlaufende Leben zwischen Geburt und Tod. Wir sagen, wir erinnern uns zurück in diesem Leben nur bis zu einem gewissen Zeitpunkt. In Wirklichkeit erinnern wir uns nicht zurück an das ganze Leben, sondern wir erinnern uns an das, was vom Abend bis zum Morgen geht, dann reißt die Erinnerung ab. Dann kommt erst wieder der vorhergehende Tag, dann wieder die Nacht, an die wir uns nicht erinnern. Wir erinnern uns zurück, aber es ist Kettenglied an Kettenglied ein weißes und ein schwarzes Glied. An die Nächte erinnern wir uns nicht im Leben zwischen Geburt und Tod.

Im Seelenland lebend nach dem Tod, erinnern wir uns gerade an diese Zeit. Wir erinnern uns da gerade an die Art, wie wir in den Nächten, Nacht für Nacht, die Tageserlebnisse zurückgehend durchlebt haben. Hier

- *im physischen Leben* erinnern wir uns an all unsere *Tage;*
- *im Seelenland* nach dem Tod erinnern wir uns an dasselbe, aber wir erinnern uns daran, wie wir in den *Nächten* die Tage durchlebt haben.

Wir blicken in die ganze Art dieses Lebens im Seelenland hinein, wenn wir uns das im Einzelnen klarmachen.

Wir haben einen Menschen getroffen an einem bestimmten Tag des Lebens, wir haben mit ihm dies und jenes erlebt. Wir erleben es nicht nur mit ihm am Tag, sondern auch in der Nacht noch einmal, auch in den folgenden Nächten. Das ist auch eine Art von Erinnerung, wir erleben es innerlich im Ich und Astralleib. Alles, was wir hier im Tagesbewusstsein erlebt haben, erleben wir wieder im Nachtbewusstsein. Und so, wie wir es im Nachtbewusstsein erlebt haben, gibt es uns die Handhabe für das, wie wir es nach dem Tod in der Seelenwelt brauchen. Wir erleben da unsere Nächte zurück.

Das ist eine sehr bedeutungsvolle Wahrheit der Geistesforschung, meine lieben Freunde. Man kann durch eine solche Sache immer wieder der Tatsache gedenken, dass das Forschen im Geistigen nicht so ist, wie viele glauben. Viele glauben, dass, wenn der Geistesforscher einmal die geistige Welt betreten hat, dass er dann auf einmal die ganze geistige Welt kennt und über alles Bescheid weiß. Dieser Glaube ist ebenso naiv, wie der naiv ist, der glaubt, wenn er über die Erde geht, die ganze Erde zu kennen. Stücke der Erde kennt er, aber von anderen Stücken der Erde weiß er nichts. Ebenso wenig braucht einer, der die geistige Welt an irgendeinem Punkt kennt, alles von der geistigen Welt zu wissen. Das ist Gegenstand einer langwierigen Forschung.

Es ist schwierig, meine lieben Freunde, über die Geisteswissenschaft zu sprechen, weil man immer wieder diesem Vorurteil begegnet. Wenn geisteswissenschaftliche Vorträge gehalten werden, dann verlangen die Leute in der Fragenbeantwortung, dass über alle möglichen Dinge Auskunft gegeben wird. Solche Fragen werden von dem Gesichtspunkt aus gestellt, wie es wäre, wenn jemand eine bestimmte Anzahl von Mineralien oder Pflanzen kennengelernt hat, und man ihn dann über die Geheimnisse der Tierwelt fragen und meinen würde: Er kennt das eine, so muss er auch das andere kennen. Es ist so, dass alle Einzelheiten der geistigen Welt erst erarbeitet werden müssen. Und da ist es so, dass man erst warten muss, bis sich einem die eine oder andere Sache ergibt.

Ich habe in meiner *Geheimwissenschaft* und in der *Theosophie* über die ungefähre Länge des sogenannten Kamalokalebens gesprochen, des Lebens in der Seelenwelt. Von einem gewissen Gesichtspunkt aus kann man es so machen, wie es da geschehen ist. Aber der Geistesforscher kommt in einen Zusammenhang, der sich mit dem Bereisen von Ländern vergleichen lässt. Wie man da von einem Ort zum anderen kommt, so kommt man hier von einem Gebiet zum anderen. So kann der Geistesforscher zu einem anderen Gesichtspunkt kommen, und von diesem Gesichtspunkt ergibt sich die Frage: Womit beschäftigt sich die Tätigkeit des Ich und des Astralleibes in der Nacht, dass das Nachtleben so betrachtet werden kann, dass es eine nochmalige Verarbeitung der Tagesereignisse ist? Wie nimmt sich das Leben in der Seelenwelt aus, wenn man weiß, in der Seelenwelt werden die Nächte nochmals durchlebt?

Ich habe angegeben, dass das Leben in der Seelenwelt ungefähr ein Drittel des Erdlebens ausmacht. Wenn man die Nächte durchlebt, wie lange wird das Leben in der Seelenwelt dauern? Man durchschläft ungefähr ein Drittel seines Lebens hier auf der Erde. Einige Leute schlafen mehr, andere weniger, aber ungefähr ein Drittel des Erdlebens verschläft man.

So sind die ungeheuer bedeutungsvollen Eindrücke, die man in Bezug auf die Bewahrheitung der Geisteswissenschaft haben kann! Denn so ist es in der Geisteswissenschaft:

Da wird einmal von einem gewissen Gesichtspunkt ausgegangen, von dem aus man in die geistige Welt hineinschaut. Da ergibt sich eine Wahrheit. Es könnte einer sie bezweifeln, diese Wahrheit. Dann geht man von einem anderen Gesichtspunkt aus und kommt zu derselben Wahrheit, so wie es jetzt mit den Nächten, mit dem Durchleben der Nächte der Fall ist. Das ergibt die Bewahrheitung.

Das ist ein wichtiges Kriterium, dieses innerliche Zusammenstimmen. Und das finden wir überall in der Geisteswissenschaft, da, wo sie ernst und würdig gemeint ist, dass von verschiedenen Gesichtspunkten aus dieselbe Sache gesucht wird und dass sich von diesen verschiedenen Gesichtspunkten aus dieselbe Wahrheit ergibt.

Wenn die Menschen einmal ein Gefühl dafür bekommen, welcher Wahrheitswert darin liegt, sich in dieser Art und Weise der geistigen Wahrheit zu nähern und die Wahrheit zu finden, wenn die Menschen ein Gefühl für diese innere Bewahrheitung der Geisteswissenschaft bekommen, dann werden sie auch empfinden, wie viel wahrer das ist, was auf diesem Gebiet erforscht wird, als all das, was in der physischen Welt erforscht wird.

Das ist das Wesentliche, dass wir hier im Erdleben ein Gedächtnis für das haben, was im tagwachen Bewusstsein erfahren worden ist, und dass wir in der Zeit, in der wir nach dem Tod durch die Seelenwelt gehen, ein Erinnerungsvermögen für das haben, was in den Nächten weitergearbeitet worden ist auf der Grundlage dessen, was das tagwache Bewusstsein erlebt hat.

Damit wir uns, meine lieben Freunde, recht fruchtbar den bedeutungsvollen Wahrheiten nahen können, die wir morgen noch abzuhandeln haben, wollen wir uns eines in Erinnerung rufen, was ich auch hier schon in einem anderen Zusammenhang mit Bezug auf die großen Ereignisse unserer Zeit erwähnt habe.

Wenn ein Mensch so durch die Pforte des Todes geht, dass sein Leben von außen abgerissen ist, dass er im jugendlichen Alter dahinstirbt, dann tritt, kurze Zeit nachdem er durch die Pforte des Todes gegangen ist, auch die Trennung vom Ätherleib ein. Aber dieser Ätherleib hat noch in sich die Kraft, den Rest des Lebens mit Lebenskräften zu versorgen. Der Mensch bekommt an Kräften des Ätherleibes das mit, was ihn bis ins hohe Alter mit Lebenskräften versorgen kann. Reißt aber das Leben ab, dann bleiben diese Kräfte. Im abgelegten Ätherleib sind sie noch vorhanden, diese Kräfte. Und gerade so, wie in der physischen Welt nichts an Kräften verloren geht, sondern alles nur umgewandelt wird, so gehen diese Kräfte nicht verloren, sondern sie bleiben vorhanden.

Wenden wir das konkret an, meine lieben Freunde, dann sagen wir uns: Wenn der Mensch im jugendlichen, im blühenden Alter dahinstirbt, hinterlässt er der Welt das, was er noch an Lebenskräften hat, die er selbst hätte verbrauchen können. Stellen wir uns das noch konkreter vor: Nehmen wir einen Menschen, der im 25. Lebensjahr durch eine Kugel getroffen worden ist. Er hinterlässt der Welt an Lebensätherkräften das, was er vom 26. Lebensjahr an für den Rest eines langen Lebens hätte aufbrauchen können. Das bleibt, das ist eine Gabe, die der Tote der geistigen Lebensatmosphäre überlässt, in der wir sind. Von diesen Kräften sind wir umgeben. In diesen Kräften steckt die Opfergesinnung, von denen der so Gestorbene seine Ätherkräfte durchzogen hat. Das bleibt.

Und wir Nachkommen wissen gar nicht, wie wir in den von den Vorfahren hinterlassenen Kräften leben, wie wir von ihnen umgeben sind, wie unsere geistige Lebensluft davon durchtränkt ist. Wir achten nicht darauf, was zurückbleibt von den Hingegangenen in einer solchen Zeit, wo in verhältnismäßig kurzer Zeit so viele noch lebensbrauchbare Ätherleiber der geistigen Erdatmosphäre übergeben werden.

Von da ausgehend werden wir morgen weitersprechen. Wir wollen noch den Blick auf das hinlenken, was sich uns aus solch tiefen Zusammenhängen erschließt, durch die wir in die geistige Welt hineinblicken. Wir schauen nicht in bloß abstrakter, verschwommener Weise den Geist in der Sinneswelt, sondern wir schauen darin konkrete geistige Wesenheiten. Wir schauen darin neben dem, was sich an Schicksal abspielt bei den Wesen, die durch die Pforte des Todes gegangen sind, Wesen der höheren Hierarchien, Wesen der Elementarwelt.

Aber wir schauen auch, was innerlich mit der Erde verbunden bleibt, was in den Ätherleibern zurückgeblieben ist. Das wird in konkreter Weise wirken, was die auf den Feldern der großen Ereignisse den Tod Findenden an unverbrauchten Ätherkräften den Erdkindern zurücklassen. Das wird sich verbinden mit dem, was diesen Keimen für die Zukunft vonseiten der Erdkinder an Verständnis entgegengebracht wird. Und auf das blickend sagen wir, was wir schon öfter am Schluss unserer Betrachtungen gesagt haben:

Aus dem Mut der Kämpfer,
Aus dem Blut der Schlachten,
Aus dem Leid Verlassener,
Aus des Volkes Opfertaten
Wird erwachsen Geistesfrucht,
Lenken Seelen geistbewusst
Ihren Sinn ins Geisterreich.

Dritter Vortrag

Zukunft in der Gegenwart

Die Keime der Natur und die Ideale des Menschen

Stuttgart, 24. November 1915

Meine lieben Freunde!

Wir wollen diesen Abend noch dazu verwenden, einige Betrachtungen über das Zusammenwirken der geistigen und der physischen Welt anzustellen, das den Gegenstand unserer Ausführungen in diesen Tagen gebildet hat. Die Hauptsache wird sein, das Thema weiter auszubauen, das wir angeschlagen haben.

Ich möchte von einer Betrachtung ausgehen, die uns zeigen wird, wie mit einem einfachen Gedanken das Zusammenwirken des Geistigen mit dem Physischen, des Überirdischen mit dem Irdischen erfasst werden kann. Und von dieser allgemeineren Betrachtung wollen wir dann übergehen auf die Beziehung des entkörperten, durch die Pforte des Todes gegangenen Menschen zu den Menschen, die in diesem irdischen Leben verkörpert sind.

Von einer allgemeineren Betrachtung wollen wir also ausgehen. Wir wollen einmal unsere Erde als den Schauplatz dessen betrachten, was auf dieser Erde vorgeht, was sich für unsere Sinne zum Ausdruck bringt. Ich will ganz hypothetisch beginnen: Ich will Gedanken, Vorstellungen anschlagen, die zunächst wie bloß erdacht aussehen.

Nehmen wir an, meine lieben Freunde, der ganze Umfang dessen, was unsere Erde an Kräften hat, der ganze Umfang der Erdkräfte sei wie konzentriert, wie zusammengedrängt in einem kleinen Abbild der Erde, in einem irgendwie gearteten Abbild der Erde. Wir wollen voraussetzen, dass wir eine *«kleine Erde»* haben, einen winzig kleinen Körper, der aber im Kleinen all das in sich enthält, was die Erde im Großen an Kräften birgt. Wir wollen uns das schematisch darstellen (s. Zeichnung unten u. S. 103).

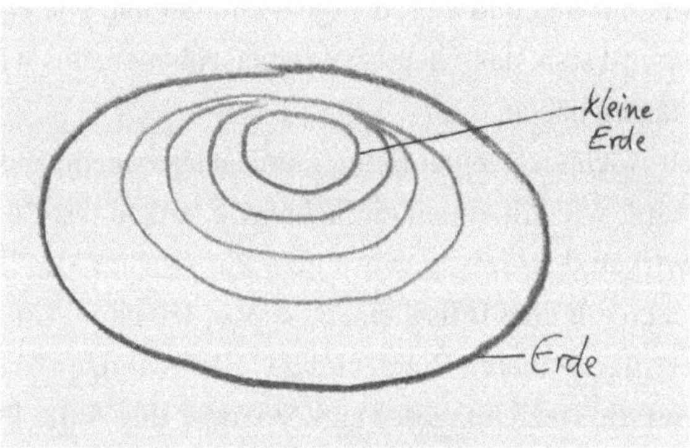

Wir wollen denken, wir haben eine «kleine Erde», das heißt, einen winzig kleinen Körper, der alle Kräfteverhältnisse enthält, die sonst im ganzen Erdleib verteilt sind. Stellen wir uns vor, irgendwie sei dieser kleine Erdkörper mit der Erde in Verbindung.

Wir müssen, wenn wir uns die Erde richtig vorstellen, diese Erde nicht wie ein lebloses Wesen denken, so wie sie sich dem Geologen, dem Mineralogen darstellt, der sich die Erde nur als ein lebloses Wesen vorstellt. Wenn die Erde so wäre, nur mineralisch, wie sich der Geologe das vorstellt, so könnte sie niemals Pflanzen, Tiere und Menschen auf sich beherbergen. Der Geologe hat das Recht, sich herauszuschälen, was tot ist, aber er müsste sich bewusst sein, dass er damit nur einen Ausschnitt des Erddaseins hat.

Wenn wir uns aber die Erde als ein Lebendiges vorstellen, dann müssen wir uns auch vorstellen, dass der lebendige Verlauf der Zeit zu dem Sein der Erde gehört, sodass diese Erde im Winter in einem ganz anderen Zustand ist als im Sommer, wie der Mensch im Wachen in einem anderen Zustand ist als im Schlaf.

Wir dürfen uns die Sache nicht so vorstellen, dass Winter und Sommer nur über die Erde hinstreichen, sondern so, dass sie etwas sind, was als Zustand das lebendige Wesen der Erde ergreift, wie uns die Zustände von Wachen und Schlafen ergreifen. Es gehört der zeitliche Verlauf zum Erddasein dazu, wenn wir dieses Erddasein als ein lebendiges betrachten. Damit aber sagen wir zugleich, dass jedes Wesen, das mit der Erde im Zusammenhang steht, also auch diese «kleine Erde», von der wir sprechen, dass jedes solche Wesen mit der ganzen Erde in diesen wechselnden Zuständen ist, dass es diese mitmacht.

Was bedeutet dieser Wechsel von Zuständen für unsere Erde? Wenn der Frühling eintritt, so bedeutet das, dass die Sonne in ihrer Wirksamkeit für die Erde in ein ganz anderes Verhältnis zur Erde kommt, als sie während des Winters steht. Wenn der Frühling eintritt, wird die Erde von den Sonnenwirkungen ergriffen. Unsere «kleine Erde» wird damit auch von den Sonnenwirkungen ergriffen, richtig ergriffen von den Sonnenwirkungen. Während im Winter unsere «kleine Erde» wie die große Erde auf sich selbst angewiesen war, die Sonne sich nicht um unsere «kleine Erde» kümmerte, wird jetzt von den Sonnenwirkungen, das heißt von dem, was außerhalb unserer Erde ist, auch unsere «kleine Erde» ergriffen.

Es wird die Summe von Kräften, die in der «kleinen Erde» sind, der Erde entrissen. Unsere «kleine Erde» ist nicht mehr auf die Erde allein angewiesen, sie wird von der Sonne in Anspruch genommen, sie wird der Erde entrissen. Wenn unsere «kleine Erde» so der Erde entrissen wird, dann spielen in sie andere Kräfte hinein als die bloßen Erdkräfte, dann werden unserer «kleinen Erde» außerirdische Kräfte mitgeteilt. Wir müssen uns diese «kleine Erde» auch mit Stoffen ausgekleidet denken. Welche Stoffe es sind, kommt dabei jetzt nicht in Betracht, wir müssen uns das mit Stoffen ausgekleidet denken.

Vom Herbst also bis zum Frühling ist diese «kleine Erde» mit sich allein, da kann sie ihre Kräfte in sich entfalten.

Dann aber kommt die Sonne, die reißt die Kräfte heraus, sodass unter dem Einfluss der Sonnenwirkung das, was zuerst in unserer «kleinen Erde» eingeschlossen war, in außerirdische Wirkungskreise hineinkommt. Es wird herausgerissen und kommt in außerirdische Wirkungskreise hinein. Was zusammengedrängt war, das dehnt sich aus unter dem Einfluss der Sonnenwirkung und bekommt ein Verhältnis zum umliegenden Weltraum.

Nach einer gewissen Zeit, gegen den Herbst zu, hören die Sonnenwirkungen wieder auf. Dann kann diese Entfaltung nicht mehr stattfinden, die Wirkungskräfte der Sonne entziehen sich wieder den Wirkungskräften der Erde. Die alte Kraftzusammensetzung stellt sich wieder her. Auch die «kleine Erde» sammelt die Stoffe wieder zusammen, sie ergreift wieder das, was sie eine gewisse Zeit der Sonne überlassen musste. Die Sonnenwirkungen bleiben jetzt eine Zeit lang weg, der Winter kommt.

Wenn die «kleine Erde» der Erde überlassen bliebe – sie ist ja eine kleine Erde in der großen Erde, während des ganzen Winters muss das System der Erdkräfte da drinnen wirksam sein –, wenn die große Erde die «kleine Erde» ganz in Anspruch nehmen würde, würde sie sie ganz für sich einheimsen. Es muss dafür gesorgt werden, dass, wenn die Sonne wieder erscheint, die Sonne diese «kleine Erde» wieder ergreifen kann, sonst wird sie zu einem Kügelchen, das von der großen Erde aufgezehrt wird. Es muss sich in der «kleinen Erde» eine Kraft geltend machen, wodurch die Sonne wieder an sie herankann, wenn sie wiederkommt. Dafür muss vorgesorgt werden.

Wenn die Erde nur ihre eigene Kraft in der «kleinen Erde» hat, dann ist das nur eine kleine Erde. Zeichnen wir das etwas größer (s. Zeichnung nächste Seite – auch S. 103 u. Umschlag): Hier ist die kleine Erde. Die Sonne hat sich zurückgezogen (Pfeil links), jetzt ist diese kleine Erde mit der großen Erde für sich allein. Wenn die Sonne wiederkommen soll, was soll sie mit dem machen, was auf der Erde geworden ist? Es muss die Sonne wieder eingreifen können (Pfeil rechts). Es macht keinen Unterschied, ob die Sonne um die Erde oder die Erde um die Sonne geht: Es muss die Sonne, wenn sie in ein neues Verhältnis zur Erde kommt, wieder eingreifen können.

Das geschieht auf folgende Weise. Denken wir einmal, ein Mensch stellt sich fest auf und wendet alle seine Kräfte an, um stehen zu bleiben. Wir kommen von der Seite und wollen ihn weiterstoßen. Wenn er die Stehkraft in sich genügend stark hat, werden wir ihn nicht weiter bringen. Wenn er aber anfängt, sich zu bewegen, werden wir in seine Bewegungsrichtung eingreifen können.

Nehmen wir an, es wäre in der kleinen Erde eine Kraft, die als eigene innere Schwungkraft die kreisende Bewegung der Sonne um die Erde hätte. Nehmen wir an, diese Kraft wird der kleinen Erde mitgeteilt, bevor die Schwungkraft der Sonne aufhört. Dann kann die Sonne später in diese

Bewegung, die sie erteilt hat, wieder eingreifen. Dadurch kann die Sonne wieder diese kleine Erde der großen Erde entreißen. Der Vorgang kann sich wie beschrieben abspie-

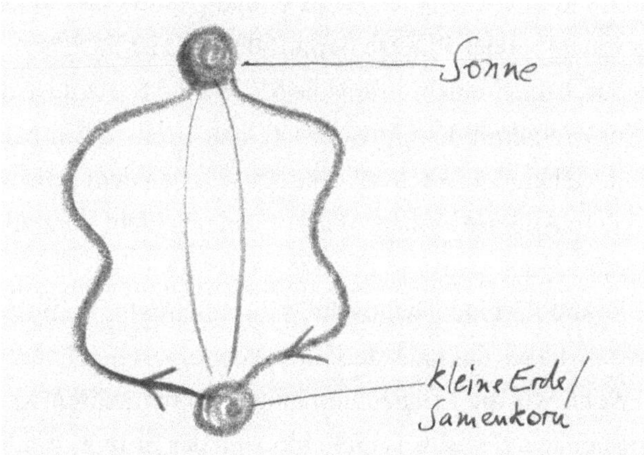

len: Wir haben gegen den Frühling eine kleine Erde, in die die Sonne eingreift durch Bewegungsimpulse, die sie ihr schon im vorigen Herbst erteilt hat. Die Sonne greift ein, entreißt die kleine Erde den bloßen Erdkräften, entfaltet gemäß der Sonnenwirkung etwas, was nur auf die kleine Erde beschränkt ist. Die Kräfte müssen sich zusammenziehen, und der kleinen Erdkugel muss die Schwungkraft der Sonne verliehen werden.

Damit haben wir skizzenhaft geschildert, was während des Wachstums der Pflanze geschieht, während der Entfaltung der Pflanze in Blätter, Blüten und Früchte. Wir haben die Mitteilung des Sonnenschwungs beschrieben – das ist die «Befruchtung». Der Same ist befruchtet und bleibt bis zum nächsten Jahr, wo er wieder von der Sonne ergriffen wird.

Das kleine Körnchen (s. Zeichnung S. 69), das die Befruchtung bei der Pflanze herbeiführt, das ist dasjenige, in das durch die Sonnenreifung die Möglichkeit gelegt ist, diese Schwungkraft dem irdischen Teil zu erteilen. Wir haben da eine lebendige Wechselwirkung zwischen dem Irdischen und dem Außerirdischen. Wir können uns nicht vorstellen, dass das Wachstum der Pflanze weiter gedeiht, ohne dass die Sonne ihr eine Nachbildung ihrer Schwungkraft übrig lässt, in die sie das nächste Jahr wieder eingreifen kann.

Wenn wir die Pflanze betrachten, so betrachten wir in Wirklichkeit etwas, was nicht bloß mit der Erdwirksamkeit zusammenhängt, sondern wir sehen in dem ganzen Zyklus des Pflanzenvorgangs eine Wechselwirkung von Sonne und Erde. Es kommen noch weitere planetarische Wirkungen in Betracht, davon wollen wir aber jetzt absehen, wir wollen den Sinn des ganzen Vorgangs erfassen. Wir wollen uns vergegenwärtigen wie das, was wir auf der Erde sehen, nicht bloß ein irdisches Produkt, sondern auch ein Sonnenprodukt ist.

Der Umstand, meine lieben Freunde, dass das menschliche Wissen sich auf das beschränkt, was auf der Erde innen und außen vorgeht, verhindert, dass man zu einer wirklichen Anschauung, zu einer wirklichen Erkenntnis über die

Dinge kommt. Denn bloß mit Erdkräften werden nur unsere Mineralien geformt. In dem Augenblick, wo wir über das Mineralische in das Pflanzliche hinausgehen, da müssen wir sagen, dass nicht mehr im Irdischen selbst die Kräfte sind, die die Dinge formen.

Die Materialisten hoffen immer noch, dass sie einmal den Pflanzensamen im Labor erzeugen werden wie irgendeine andere chemische Zusammensetzung. Nicht um dieses Erzeugen handelt es sich bei der Gegnerschaft gegen den Materialismus, sondern es handelt sich darum, dass, indem man vom Mineral zur Pflanze, vom chemischen Produkt zum Lebendigen vorrückt, das Erzeugen nur durch einen überirdischen Prozess vor sich gehen kann.

Bevor es gelingen wird, das Ideal des Materialismus zu erfüllen und mit chemischen Substanzen Pflanzensamen ebenso herzustellen wie mineralische Produkte, werden die Materialisten lernen müssen, an die «Astrologie» zu glauben, zu glauben, dass sie einen Vorgang, den sie bewirken wollen, unter den Einfluss der Sternenwirkungen stellen müssen. Es wird Labore geben müssen, die so arbeiten, dass sie mit dem Gang des Jahres arbeiten und die Konstellationen der Gestirne ebenso berücksichtigen, wie draußen in der Natur die Konstellationen der Gestirne berücksichtigt werden.

Man muss sich von der Erde erheben, wenn man sich vom Toten zum Lebendigen erhebt, denn bei der Entstehung des Lebendigen muss das Ätherische mitarbeiten.

Das Ätherische ist aber niemals nur vom bloß Irdischen abhängig, sondern es ist von dem abhängig, was in der ganzen Welt draußen verbreitet ist. Was bloß physisch ist, das überschauen wir, indem wir unser Irdisches überschauen. Wir überschauen nur das Physische, indem wir das Irdische überschauen. Was für unsere Erde ätherisch ist, das ist immer dem gesamten Weltall ausgesetzt.

Wenn wir dann noch weiter zum Astralischen gehen, kommen wir zu einem Element, das überhaupt nicht mehr dem Sichtbaren ausgesetzt ist. Würden wir durch ein Schema das Tierische entwickeln, wie wir es für die Pflanze entwickelt haben, so würde sich das komplizierter ausnehmen. Wir würden sehen, dass da zu dem Irdischen nicht nur das Außerirdische und noch in der Sternenwelt Sichtbare in Betracht kommt, sondern dass überhaupt Übersinnliches in Betracht kommt, das nicht einmal in der Sternenwelt beschlossen ist. Wir müssen da aus dem Reich des Sichtbaren hinausgehen.

Ich wollte eine solche Betrachtung aus dem Grund anstellen, damit wir uns einen Einblick in das Geheimnisvolle dessen verschaffen, was auch in der Alltäglichkeit, im täglichen Pflanzenwachstum vor sich geht, damit wir einen Einblick darin gewinnen, wie in den befruchteten Körnern der Pflanzenblüte, die um den Fruchtknoten herum kreisförmig verteilt sind, wie es da darauf ankommt, dass außerirdische Wirkungen in ihnen enthalten sind – und wie es bei dem

Samen selbst darauf ankommt, dass er ein Abbild der ganzen Erdwirkung ist, dass er eine «kleine Erde» ist.

Die Wechselwirkung, die in der Pflanzenblüte durch die Befruchtung geschieht, ist ein Abbild des Vorgangs, der sich zwischen der Erde und der gesamten Sternenwelt des umliegenden Weltraums abspielt.

Wir sind überall von Geheimnissen umgeben. Und die Erkenntnis, das Erkenntnisstreben, spornt uns immer zur tiefsten Bescheidenheit an. Denn denken wir uns, wie weit der Weg ist von der Anschauung einer solchen Sache im Allgemeinen bis zu der konkreten Anschauung der Einzelheiten dessen, was als Pflanzendecke die Erde bedeckt. Das Feld der Erkenntnis eröffnet sich als ein unendliches. Wir stehen an jedem Punkt unseres Daseins der Unendlichkeit gegenüber.

Und es gehört zu der rechten Stimmung, die wir der Welt gegenüber entfalten sollen, es gehört zu der rechten Stimmung, einen Sinn dafür zu haben, dass wir überall in ein unendliches Dasein hineinblicken. Dadurch fühlen wir aber auch ein Band zwischen dem einzelnen endlichen Menschendasein und dem Unendlichen der ganzen großen Welt. Diese Stimmung müssen wir über alles Einzelne ausgießen, was die Geisteswissenschaft uns bringt. Denn ohne diese verehrungsvolle Stimmung gegenüber dem Unendlichen lässt sich nichts in der Geisteswissenschaft mit der richtigen Empfindung erfassen.

Wir müssen eine solche Stimmung in uns erneuern, damit wir aufhören, die Erkenntnis als etwas zu betrachten, was aufgesucht wird wie ein im Leben nebenher Verlaufendes, während sie zum Allerheiligsten gehört, das in unser Leben eingreift.

Wenn wir uns einer solchen Stimmung hingeben, meine lieben Freunde, dann werden wir auch das mit der rechten Gesinnung entgegennehmen, was aus den Quellen der Geisteswissenschaft heraus von unserer Gegenwart an immer mehr wird verkündet werden müssen. Wenn wir eine solche Gesinnung entwickeln, dann ist diese Gesinnung in unserer Seele etwas Wirksames. Sie ist nicht bloß etwas Abstraktes, sondern sie ergreift unsere Seele, sie durchwärmt, sie durchleuchtet unsere Seele.

Dadurch erst wird das Richtige aus der Geisteswissenschaft hervorgehen, dass unsere Seele eine andere wird, dass so durchfühlt wird, was durch die Geisteswissenschaft erforscht wird.

Wenn wir eine solche Stimmung in unsere Seele hineinbringen, dann erst gehen uns über das, was sonst im Leben an uns vorbeifließt, ohne dass wir uns in der rechten Weise zu ihm stellen können, dann erst gehen uns in der rechten Weise die Rätsel auf. Es ist ein innerer Zusammenhang zwischen diesen allgemeinen Betrachtungen, die wir jetzt angestellt haben, und dem, was weiter mit Bezug auf das Menschenleben zu sagen ist.

Wir können die Seele so stimmen, wenn wir den Blick hin zur Pflanze richten, wenn wir sie aus der Erde hervorsprießen sehen, wir können die Seele so stimmen, dass sie das Gefühl hat: Was da als Grünes hervorsprießt, das nimmt seinen Ausgang von einem so komplizierten kleinen Wesen, dem Samen, dass dieses kleine Wesen ein Abbild der ganzen Erde ist. Da wirkt bei dem, was wir da emporsprießen sehen vom Blatt zur Blüte, von der Blüte zur Frucht, das ganze Weltall mit.

Wenn wir uns ein grünes Pflanzenblatt am Stängel anschauen, so wird uns bewusst: In diesem Blatt, wie es sich ansetzt, wie es grünt, wird von der Sonnenwirkung umspielt das, was zuerst in der «kleinen Erde» eingeschlossen war, was entrissen war der Erde, solange die Sonnenwirkungen es ergriffen haben. Dann haben ihr die Sonnenwirkungen ihre Schwingungsimpulse zurückgelassen, nachdem sie unmöglich gemacht haben, dass sich das ausbreitet, was in der «kleinen Erde» ist, und was sich wieder zusammenziehen muss. Wir sehen in der aufsprießenden, sich entfaltenden Pflanze ein Bild der Wirkungen des ganzen Kosmos. Wir müssen das, was sich unseren Sinnen darbietet, als etwas betrachten, was uns in jedem Punkt Geheimnisse enthüllt, die den ganzen Kosmos durchwallen und durchweben.

So aber steht auch das Menschenleben selbst mit dem ganzen Kosmos im Zusammenhang – auch mit dem im

Zusammenhang, was in den uns sichtbaren außerirdischen Körpern und Vorgängen da ist. Ganz besonders bedeutsam aber tritt uns das vor das Auge, was uns in den irdischen Vorgängen erscheint, wenn wir die Abweichungen von dem ins Auge fassen, was wir uns eingewöhnt haben als das normale Erdleben, als das normale Menschenleben. Wir sehen viel mehr Abweichungen als Normales im Leben, aber das Erkennen, das sich auf die Sinnenwelt beschränkt, lässt sich nicht ein auf diese Abweichungen.

Wir leben in einer Zeit, meine lieben Freunde, in der sich viele Abweichungen zusammengedrängt zeigen, die zugleich rechte Rätselfragen sind. In dieser Zeit einer schweren Prüfung der Menschheit sehen wir zahlreiche unserer Menschenbrüder frühzeitig durch die Pforte des Todes gehen.

Wir sehen sie so durch die Pforte des Todes gehen, dass sie nicht durch irgendeine Krankheit, also durch etwas, was im eigenen Organismus ist, durch die Pforte des Todes gehen, sondern gewaltsam sehen wir sie durch die Pforte des Todes gehen. Denn es ist etwas anderes, ob eine Menschenseele im jugendlichen Alter so durch die Pforte des Todes geht, dass sie durch eine Krankheit stirbt, oder dadurch, dass ihr Organismus von einer Kugel getroffen wird oder auf irgendeine andere Art gewaltsam vom Seelisch-Geistigen hinweggenommen wird.

Wir haben schon gestern davon gesprochen: Was sich hier vollzieht zwischen Geburt und Tod, das ist alles bedeutsam im ganzen Zusammenhang des Lebens. Wir müssen es als Zusammenhang des Karmas hinnehmen, wir müssen uns in das Karma hineinfügen, wie es gegeben ist. Aber es ist bedeutsam, was da geschieht.

Betrachten wir den Fall, dass der physische Organismus vom Seelisch-Geistigen hinweggenommen wird durch eine Kugel im jugendlichen Alter. Gegenüber dem, was wir uns eingewöhnt haben, dass der Mensch seinen Organismus selbst aufbraucht, ist das etwas Abnormes. Und daher ist es eine doppelte Rätselfrage. Ist schon der Tod ein Rätsel für das unmittelbare Anschauen, das erst durch die Geisteswissenschaft sich enthüllt – ein doppeltes Rätsel entsteht, wenn der Verlauf des Lebens nicht so geschieht, dass der Organismus durch innere organische Vorgänge dem Geistig-Seelischen hinweggenommen wird, sondern durch eine Kugel.

Es gehört eine innere Stimmung der Seele dazu, die sich durch solche einfachen Erwägungen erzeugt, die – mit aller Tiefe erfasst – uns gegenüber den Geheimnissen des Universums ergreift. Und dann, wenn die Seele so ergriffen ist, dann treten wir auch mit der nötigen Stimmung, mit dem nötigen Ernst dem Ereignis entgegen, das wir eben angedeutet haben: dass auf gewaltsame Weise dem menschlichen Geist der Leib hinweggenommen wird. Dann tritt diese Frage wie eine Rätselfrage vor unserer Seele auf.

Wie eine solche Frage auftritt, davon hängt es ab, ob man irgendetwas zu ihrer Lösung beitragen kann oder nicht.

Wenn ein Mensch gerade eben ein Festmahl begangen hat, sich nur ausgeruht hat und dann an die geistige Arbeit setzt, dann wird er die tiefe Rätselfrage nicht lösen, dann wird er nicht die Stimmung finden, auf die es ankommt. Wenn er aber seine Seele mit der rechten Stimmung gegenüber dem Universum durchtränkt hat und der Rätselfrage entgegentritt, dann können ihm die Rätsel aufgehen.

Wenn sich der Geistesforscher mit einer solchen Stimmung der Seele vor das Todesrätsel hinstellt, das so an uns herantritt, dass auf gewaltsame Weise dem Seelisch-Geistigen der physische Leib entrissen wird, dann taucht allerlei vor der Seele auf, was zur Lösung des Rätsels beitragen kann. Dann kommen ihm die richtigen Impressionen, die er braucht, um eine solche Sache zu erklären. Nicht aus jeder Seelenstimmung können sie hervorgehen, diese Impressionen, sondern nur aus der richtigen Seelenstimmung.

Damit wir dieses innerlich anschaulich vor uns haben, habe ich heute diesen Weg gewählt, indem ich gezeigt habe, wie sich dem Geistesforscher eine solche Aufgabe vor die Seele stellt. Dem Geistesforscher tritt, wenn er sich so gestimmt hat, die angedeutete Rätselfrage vor die Seele. Dann taucht aber etwas ganz anderes auf. Wie sich sonst Gedanke neben Gedanke stellt, stellt sich vor die Seele eine Impression neben die Frage hin. Dann kann man, wenn man dieses Rätsel, das Todesrätsel, empfunden hat, dann kann man wie etwas, was dazugehört, die andere Frage stellen: Wie nehmen die Menschen nach ihrer besonderen Artung das Leben hin? Und da entwickeln sich einem allerlei Gedanken, Gedanken, die ich jetzt vor Ihrer Seele ausbreiten will.

In unserem gegenwärtigen Zeitzyklus lassen die Menschen nur das als eine Wirklichkeit gelten, was nicht ein «bloßer Gedanke» ist. Für sie ist der Gedanke nichts Wirkliches. Auch wenn sie damit unrecht haben, ist es eine reale Stimmung der Seele, die sagt: Was wirklich ist, das muss derber an den Menschen herantreten als ein bloßer Gedanke, recht, recht derb!

Ein bloßer Gedanke ist bloß ein Gedanke, aber das, was man als seiend bezeichnet, das darf für die gegenwärtigen Menschen kein bloßer Gedanke sein. Was sich als bloßer Gedanke gibt, das bezeichnet der Mensch heute als nicht seiend. Das Seiende muss sich derb in die Welt hineinstellen. Das muss nicht bloß zum Gedanken sprechen, das muss sich derb in die Welt hineinstellen. Aus dieser Stimmung glauben die Menschen, nur dann in der Wirklichkeit zu stehen, nur dann von dieser Wirklichkeit als von einem Seienden, als von einem Sein sprechen zu können, wenn sie gezwungen werden, diese Wirklichkeit durch das Sein anzuerkennen.

Wenn wir von dieser Welt, in der wir hier leben, in die geistige Welt hinaufsteigen, die der Mensch bewohnt, wenn er durch die Pforte des Todes gegangen ist, so ist der unbehaglichste Gedanke der Gedanke des Seins, der sich hier in der physischen Welt gebildet hat. Ein Sein, das so ist wie das Sein in der physischen Welt, das stört den entkörperten Menschen in der geistigen Welt. Wie man hier das Unwirkliche gegenüber der Wirklichkeit des Seins bezeichnet, ist es in der geistigen Welt umgekehrt. Was dort an einen so herantreten würde wie hier das Seiende, das würde man abweisen, das wäre schreckhaft. Das wäre etwas, was nicht in die geistige Welt hineingehört.

Es ist das ein ungeheuer bedeutungsvoller Gedanke. Wenn man in der geistigen Welt so trivial reden würde wie hier, könnte man als Geist sagen, wenn einem so etwas entgegentritt, wie die Dinge einem hier entgegentreten: Was soll ich denn mit dem machen? Das ist nichts, das ist gar nichts! Denn ich muss in der geistigen Welt die Möglichkeit haben, bei all dem, was mir als Imagination entgegentritt, *mitzumachen.* Ich muss es durch meine eigene Tätigkeit in die Anschauung überführen.

Während in unserer Zeit die Menschen nur das als Wirklichkeit anerkennen, wozu sie nichts getan haben, kann man das in der geistigen Welt nicht anerkennen, sondern in der geistigen Welt ist es so, dass man etwas dazutun muss, dass man mitarbeiten muss, damit das entsteht, was einem dort als Wirklichkeit erscheinen soll. Man muss überall mittun, sodass derjenige, der entkörpert in der geistigen Welt ist, die geistige Welt um sich herum nur insofern schaut, als er darin tätig ist. Und was er schaut, ohne dass er tätig ist, das ist eine «jenseitige Welt», das ist die Welt, die unsere diesseitige Welt ist.

Wenn der Entkörperte auf die Erde schaut, so sieht er das, was da ist, ohne dass er mittut. Wie wir hier auf der Erde unsere sichtbare Welt, unsere «wirkliche» Welt, unsere seiende Welt als das Diesseits bezeichnen – und das, was nicht gesehen wird, als das Jenseits –, so ist es vom Standpunkt der geistigen Welt aus gerade umgekehrt. In der geistigen Welt ist nichts außer dem, was wir in der Gegenwart dadurch aus dem Nichts schaffen, dass wir mittun. Das ist dann das Diesseits. Sonst ist es finster, stumm und öde in der geistigen Welt, wenn wir nicht darin seelisch-geistig handeln. Das Jenseits aber, das ist da, ohne dass wir daran arbeiten.

Während wir hier zum Unbekannten hinaufblicken, blicken wir von der geistigen Welt aus auf das, was uns hier bekannt ist, aber das ist gerade das Jenseits, das keine Wirklichkeit hat, weil es da ist, ohne dass wir etwas dazutun. Mit solchen Vorstellungen müssen wir uns bekannt machen.

Innerhalb unseres physischen Diesseits, unserer physischen Wirklichkeit, gibt es etwas, was nicht alle, aber gewisse Menschen als bedeutungsvoll gelten lassen, obwohl es nicht «ist». Es gibt etwas, was Menschen in diese seiende Wirklichkeit hereintragen und demgegenüber diejenigen, die ein Verständnis dafür haben, sich so verhalten, dass sie es gelten lassen, obwohl es keine derb seiende Wirklichkeit hat. Das sind *die Ideale,* die die Menschen haben.

Die Idealisten tragen in unsere sinnliche Wirklichkeit hinein etwas, was ihnen wertvoll ist: die Ideale, die keine derbe, materielle Wirklichkeit sind und die der grobe Materialist nicht gelten lässt. Diese Ideale sind aber etwas ungeheuer Wertvolles in diesem Leben. Die Ideale sind das, was die Richtungsimpulse für unser Leben gibt. Sie sind das, was wir begehren, damit wir uns daran halten können. Die Ideale machen das Leben wertvoll, indem sich der Mensch nach ihnen richtet.

Es muss mit den Idealen, meine lieben Freunde, etwas im materialistischen Sinne Unwirkliches in unsere sinnliche Wirklichkeit hineingetragen werden, damit nicht das entstehe, was wir so charakterisieren müssen: Wenn es nicht da wäre, wenn der Mensch keine Ideale hätte, wäre das Dasein öde. Unter die, die keine Ideale haben, müssen die Idealisten treten, die in unserer Wirklichkeit etwas entwickeln, was ein Abbild der jenseitigen Wirklichkeit ist – was nicht ein Seiendes ist, was nicht das Seiende beansprucht und dennoch ein Wertvolles ist, was einen absoluten Wert hat.

Nachdem der Geistesforscher diese ihm naturgemäße Impression entwickelt hat, führt ihn sein Forscherdrang wieder zurück zu der Rätselfrage von dem von einer Kugel im jugendlichen Alter getroffenen Menschen. Und er muss fragen: Gibt es für die von hier aus jenseitige Welt, in der die entkörperten Menschen und die geistigen und seelischen Wesen leben, gibt es da etwas, was dem Idealismus hier auf der Erde entspricht, was unseren Idealen entspricht? Gibt es für die jenseitige Welt etwas Ähnliches wie die Ideale hier auf der Erde?

Da stellt sich das Folgende heraus. Wir nehmen einen Menschen, der im jugendlichen Alter von einer Kugel getroffen worden ist. Sein Ätherleib trennt sich vom physischen Leib. Der physische Leib ist auf gewaltsame Weise hinweggenommen worden. Selbstverständlich muss die Gewalt von außen kommen, es kann niemals das gelten, was ich sage, wenn der eigene Entschluss vorliegt. Der Vorgang muss von außen kommen.

Der Ätherleib hat also in sich Kräfte, die noch weiter, vielleicht jahrzehntelang, das Leben hier auf der Erde hätten versorgen können. Diese Kräfte vergehen nicht, sie bleiben. Derjenige, der so seinen Ätherleib ablegt, übergibt die Kräfte seines Ätherleibes der allgemeinen Welt. Er ist auf die angedeutete Weise in die geistige Welt hineingekommen, es ist ihm sein Leib genommen worden. Er geht in die geistige Welt als ein Entkörperter hinauf. Es bleibt von ihm in der physischen Welt etwas zurück, was er selbst noch hätte verbrauchen können, aber nicht verbraucht hat. Der betreffende Mensch geht in die geistige Welt hinauf, ohne etwas verbraucht zu haben, was er hätte verbrauchen können.

Wir lenken jetzt den Blick auf die Individualität des Menschen selbst. Dieser Mensch kommt hinauf in die geistige Welt, ohne etwas verbraucht zu haben, was er hätte verbrauchen können. Damit kommt er in die geistige Welt mit etwas, was hier unten in der physischen Welt hätte Wirklichkeit werden können, aber nicht im äußeren Sinne Wirklichkeit geworden ist. Solche Menschen, die mit der Anlage für einen längeren Verbrauch des Ätherleibes in die physische Welt eingetreten sind, auf die Erde gekommen sind, aber diesen Verbrauch nicht gehabt haben, die kommen anders in die geistige Welt hinauf als diejenigen, die bis zur Neige des Daseins diesen Ätherleib verbraucht haben. Sie kommen so hinauf, dass sie der Erde etwas einverleiben, was hätte seiend werden können, was aber nicht seiend geworden ist.

Das aber bewirkt in ihnen eine Stimmung, wodurch sie etwas Ähnliches werden für die geistige Welt, wie die Idealisten für die physische Welt. Derjenige, der in dieser Weise durch die Pforte des Todes tritt, tritt in die geistige Welt ein, indem er etwas hineinbringt, was dort für die geistige Welt Idealismus ist, was ähnlich ist den Idealen, die hier durch die Idealisten in die physische Welt hereingebracht werden. Ein bedeutungsvoller Lebenszusammenhang!

Es treten also in solchen Märtyrerzeiten, wie die jetzige ist, Seelen in die geistige Welt ein, die ein kürzeres Dasein durchmessen haben. Sie haben hier auf der Erde so gelebt, dass etwas, was hätte seiend werden können, für sie nicht zum Sein gekommen ist. Sie treten so in die geistige Welt ein, dass sie dort den Zusammenhang mit der irdischen Welt so herstellen, wie die Idealisten hier für die Erde mit den Idealen den Zusammenhang mit der geistigen Welt herstellen.

Die Menschen, die so durch die Pforte des Todes gegangen sind, haben die Aufgabe, in der geistigen Welt zu verkündigen, dass auf der Erde nicht alles so derb seiend ist wie das, was man dort die Wirklichkeit nennt, dass die Erde auch etwas birgt, was zum Sein veranlagt ist, aber dieses Sein nicht in derber Weise auslebt. Dass ein solches Gestimmtsein der Seele in die geistige Welt hinaufgetragen wird, das gibt in der Zeit zwischen Tod und neuer Geburt etwas Ähnliches, wie der Idealismus hier auf der Erde ist.

Und wenn wir vom Standpunkt der Weisheit der Welt ein solches Zeitalter betrachten, wie das unsrige ist, dann blicken wir, wenn wir in uns die rechte Stimmung erzeugen, beim Anblick der Tode, die so entstehen, so in die Welt hinein, dass wir uns sagen:

> Innerhalb des weisheitsvollen Weltlaufs nehmen wir auch dieses hin, dass wir uns ehrfurchtsvoll zu seinem Verständnis emporarbeiten, indem wir uns sagen: Den geistigen Welten wird in einem solchen Märtyrerzeitalter das gegeben, was in ihnen so leben muss, wie bei uns der Idealismus auf der Erde

leben muss, damit die Menschen, die in die geistige Welt gehen und das Leben zwischen dem Tod und einer neuen Geburt durchleben, etwas Ähnliches in dieser Welt finden, wie wir hier den Idealismus finden.

Daher müssen solche Zeitalter entstehen. Ob sie immer entstehen müssen in der Zukunft, davon braucht heute nicht die Rede zu sein, denn das hängt davon ab, in welcher Weise – nicht allein ob, sondern auch in welcher Weise – das Erkenntnisleben der Menschen auf der Erde vergeistigt wird. Es soll niemand aus dem Gesagten den Schluss ziehen, dass solche Zeitalter unbedingt für immer verteidigt werden sollen. Aber wenn man ihren Sinn erforscht, stellt sich für die Gegenwart das Gesagte dar.

Da blicken wir in den weisheitsvollen Zusammenhang der Welt hinein und fragen uns: Wie gliedert sich da zusammen die Furcht und der Schrecken, das Leid und der Schmerz, mit dem, was notwendigerweise in der geistigen Welt diejenigen finden müssen, die durch die Pforte des Todes gehen?

Wir sehen Leid und Schmerz, Blut und Märtyreropfer, die sich hier von der einen Seite zeigen, von der anderen Seite an. Wir können uns denken, meine lieben Freunde, dass es Menschen gibt, die gescheiter sein wollen als die göttlichen Geister und die deshalb die Frage aufwerfen:

Hätten es die Götter nicht auch mit etwas dem Idealismus auf der Erde Entsprechendem in der geistigen Welt fertigbringen können, ohne über die Erde das zu verhängen, was in einem solchen Märtyrerzeitalter über die Erde verhängt wird?

Solche Fragen werfen nur die Menschen auf, die gescheiter sein wollen als die Götter. Die Menschen, die in der richtigen Weise in das Menschenzeitalter hineinblicken, wollen die Welt verstehen, weil sie überzeugt sind, dass sie so sein muss, wie sie ist, und dass all das, was der Mensch über etwas ausspintisiert, was für die Welt besser wäre, nur schlechter wäre für die Welt.

Wir sehen hin auf den Idealisten, auf einen so recht idealistisch gearteten Menschen in dieser Welt. Wir sind vielleicht versucht, wenn wir für Ideale einen Sinn haben, zu sagen: Seht den Menschen, der trägt den Himmel in die Erde hinein! Denn was nicht im derben Sinne seiend ist, das bringt er an die Menschen heran als ein Wertvolles, als eine Richtschnur für das Seiende.

Die Seelen, die auf normale Weise durch die Pforte des Todes getreten sind und das Leben zwischen dem Tod und einer neuen Geburt durchmachen, sie erblicken in diesem Leben auch solche Seelen, die einen Opfertod durchgemacht haben, denen der physische Leib von außen durch irdische Notwendigkeit genommen worden ist. Sie blicken auf diese Seelen hin als auf die, die ihnen zu verkünden haben, dass da unten auf der Erde nicht bloß derb Seiendes ist, sondern dass mit der Erde auch Menschenanlagen verbunden sind, die seiend sein könnten und nicht zum Sein kommen, sondern, statt dass sie dieses volle Sein verbrauchen, in einem früheren Zeitpunkt ihres Lebens zwischen Geburt und Tod in die geistige Welt übergehen.

Da entsteht die bedeutsame Frage nach dem Unterschied zwischen einem solchen gewaltsamen Tod und einem frühen Tod, der durch eine Krankheit erzeugt wird.

Was ich jetzt gesagt habe, ist nichts als ein Konstatieren (Feststellen) von Tatsachen. Gerade diejenigen, die auf die beschriebene Weise das physische Leben beendet haben, sind die Idealisten der geistigen Welt. Sie sind die Idealisten aus dem Grund, weil ihnen – das zeigt sich durch fernere Betrachtung – der physische Leib durch irdische Ereignisse genommen worden ist, durch Ereignisse, die bloß dem Erdleben angehören.

Wenn der Mensch eine Krankheit durchmacht, so wird ihm der Leib noch durch andere Kräfte genommen als durch Erdkräfte. Schon im Pflanzenwachstum wirken nicht bloß Erdkräfte, sondern außerirdische Kräfte mit. Beim Tier ist das natürlich auch der Fall und beim Menschen erst recht. Wir haben auch unsere Krankheiten nicht bloß von der Erde.

Bloß von der Erde wird uns der Tod niemals auf andere Weise gebracht als dadurch, dass er uns gewaltsam gebracht wird. Wie der Tod auch eintreten mag, er ist niemals ein bloß durch irdische Verhältnisse herbeigeführter, wenn er nicht auf die angedeutete Weise ein gewaltsamer ist. Ob der Tod durch eine Krankheit oder durch anderes an uns herantritt – auch der Selbstmord ist kein irdisches Ereignis, denn er kommt durch Seelenentschluss –: Es gibt keinen Tod, der bloß durch Erdkräfte bewirkt wird, durch Kräfte, die auf der Erde spielen, außer dem, dass durch Opfertod der Leib vom Seelisch-Geistigen losgemacht wird, sodass irdische Kräfte in eine Beziehung, in ein Wechselverhältnis mit dem treten, was geistig ist.

Sonst ist der Tod immer etwas, was über die Erde hinausragt, er ist niemals ein bloßes Wechselwirken zwischen der Erde und dem, was in der geistigen Welt ist. Gerade an rein irdische Verhältnisse, gerade an etwas, was bloß irdisch ist, was bloß irdisches Geschehen ist, wird der früh seiner Tätigkeit entzogene Ätherleib hingegeben.

Daraus entsteht das, was man den «Idealismus der geistigen Welt» nennen kann. Denn der Tod ist so, dass, wenn wir ihn von der physischen Seite anblicken, er sich ganz anders ausnimmt, als wenn wir ihn von der geistigen Seite anblicken. Wir haben schon in verschiedener Weise darauf hingedeutet. Aber immer ist der Tod, wenn er nicht auf die Weise eintritt, wie ich es jetzt angedeutet habe, von der anderen Seite gesehen etwas, was verständlich ist. Tritt man durch einen Krankheitstod, durch einen Alterstod, auch durch

Selbstmord, in die andere Welt, dann hat man dort die Dinge, die man braucht, um den Tod zu verstehen.

Wenn aber der Tod durch eine Kugel auf dem Schlachtfeld herbeigeführt wird, dann muss man auf rein irdische Verhältnisse blicken, um den Tod zu verstehen. Bei Unglücksfällen ist das auch so. Da sind es rein irdische Verhältnisse, die den Tod erklären. Man muss von der geistigen Welt hinab auf das sehen, was irdisch ist, der Tod ist aus irdischen Verhältnissen zu erklären. Das macht, dass man aus dem Diesseits der geistigen Welt in das Jenseits der physischen Welt hinunterblicken muss, um einen solchen Tod zu verstehen.

- Wie *die Ideale* uns mit dem Himmel verbinden,
- so verbinden *diese (gewaltsamen) Tode* den Himmel mit der Erde.

Daher ist dann derjenige, der so durch die Pforte des Todes schreitet, in dem Leben zwischen Tod und neuer Geburt ein solcher, der all dem Geschehen, das sich zwischen den Menschenseelen abspielt, das einverleibt, was unserer Erde Geistiges gibt, was unserer Erde das gibt, dass die Erde selbst auch in unseren Gedanken und Gefühlen nicht bloß für das Irdische besteht.

Es ist zuzugeben, dass die Charakteristik dieser Dinge, die ich da gesagt habe, schwierig ist. Aber es ist begreiflich, dass das schwierig sein muss, denn man redet mit solchen Worten, die für die physischen Verhältnisse geprägt sind, über das, was weit, weit über die physischen Verhältnisse hinausragt. Es ist etwas anderes, ob man stumpf und unverstehend auf das Rätselvolle solcher Ereignisse hinblickt, die aus dem Schoß der Geschichte in das Menschenleben eintreten wie unsere jetzige schwere Prüfungszeit der Menschheit, oder ob man so hinblickt auf sie, dass man sich sagt: Was einem solchen Ereignis Sinn gibt, das hat Bedeutung nicht nur für unsere Erde, sondern für das Gesamtleben!

Und in diesem Fühlen wird man wieder in den tiefen Sinn und den weisheitsvollen Gang der Gesamtentwicklung hineingeführt. Man lernt allmählich ahnen, was alles dahin mitwirken muss, dass der Mensch in seinem gesamten Lebensverlauf in die Welt hineingestellt ist.

Ein solches wollte ich andeuten, meine lieben Freunde, im zweiten der *Mysteriendramen* aus dem Mund des Capesius, der davon spricht, dass das Sinnen und das Zusammenarbeiten vieler Götter notwendig ist, um den Menschen aus allen Welten heraus als ein Ziel erscheinen zu lassen. Was sich in diesem Drama als eine Weltempfindung aus der Seele des Capesius herauslöst, das kann uns ein Gegenständliches werden, wenn wir versuchen, uns solche Vorstellungen anzueignen, wie wir sie auch heute wieder in unsere Seelen haben versetzen wollen.

Solche Stimmungen treten in solchen Persönlichkeiten wie Capesius aus dem Grund tragisch auf, weil sich solche

Stimmungen auch ergeben können, ohne dass man gleich die Lösung des Rätsels findet. Das gibt dann die tragische Seelenstimmung. Das ist das eine, was dabei zu bemerken ist.

Das andere ist, dass immer darauf Rücksicht genommen werden muss, wie sehr zur Bescheidenheit und zur Demut, und nicht zum Hochmut, nicht zum menschlichen Größenwahn wir durch solches Studium aufgefordert werden. Im rechten Sinne sich das menschliche Selbstbewusstsein anzueignen, das heißt, es sich innerlich bewusst zu vergegenwärtigen. Und wenn wir anfangen zu ahnen, worüber wir unser Bewusstsein erstrecken können und wie weit der Horizont der Welträtsel ist, so werden wir nie auf den Gedanken verfallen können: Du bist als Mensch eine Zusammenfassung des ganzen Kosmos. Gerade ein solcher Gedanke wird uns recht fernliegen.

Dagegen wird uns näherliegen der Gedanke: Wie wenig weißt du in deinem Bewusstsein von dem, was wissbar ist! Unendliches ist notwendig, um den Menschen zusammenzusetzen, du hast es aber nicht weiter gebracht, als ein sehr, sehr kleines Stück davon zu wissen. Bescheidenheit und Demut ist das, was sich gerade aus dem Wissen heraus, wenn es sich erweitert, in unsere Seele hineinsenkt. Niemals kann man über die geistige Welt mehr lernen, als man schon weiß, ohne zugleich zu lernen, dass das Wissbare ein Unendliches ist. Umso lebendiger wird die Empfindung von dieser Unendlichkeit, je mehr man weiß. Und man lernt verstehen, wie der Sinn des Lebens darin besteht, dass wir uns ergreifen lassen von den großen, gewaltigen Rätseln und Geheimnissen, die das Dasein durchpulsen.

Vieles von dem, was die Menschheit sich jetzt wieder erringen muss, meine lieben Freunde, haben die Menschen in alten Zeiten mit einer uralten Weisheit wie ein Erbgut gewusst. Was die Menschen heute besitzen, ist nur dadurch errungen worden, dass diese Erbweisheit aus den Seelen geschwunden ist. Damit sich die Menschenseelen diese Weisheit selbst aneignen können, musste sie verschwinden. Damit sie erarbeitete Weisheit werden kann, musste sie verschwinden. Wir müssen uns im ferneren Dasein der Erde wieder hinaufarbeiten, um uns das zu erringen, was als Erbweisheit aus den Seelen verschwunden ist.

So müssen wir in die Perspektive der menschlichen Zukunft hineinsehen, dann werden wir die Notwendigkeit einsehen, dass Geisteswissenschaft in die Welt eintritt. Gerade dieses lebendige Sichstellen zu dem Unendlichen in solcher Weise, wie es charakterisiert worden ist, gerade das gibt uns die Möglichkeit, das Geisteswissenschaftliche als ein innerlich Lebendiges zu erfassen, was in uns kraftet und tätig ist, was uns zu Mitarbeitern der Gestaltung der Erde macht, zu denen wir gemacht werden müssen, wenn die Erde sich weiterentwickeln soll.

Um das zu bekräftigen, möchte ich noch eines erwähnen. Es gibt heute Leute, auf die wir hinhorchen sollen, weil sie von dem Standpunkt der Gegenwart etwas Richtiges sagen. Sie sagen: In früheren Zeiten hat man nicht gewusst, was ein Verbrecher ist, warum ein Mensch sich in der Welt als Verbrecher entwickelt. Heute aber weiß man das. Wenn man einen Verbrecherkopf seziert, so findet man, dass er eine gewisse Eigenschaft hat: Die hinteren Hirnlappen bedecken das Gehirn nicht völlig wie beim normalen Menschen. Es war eine große, bedeutsame Entdeckung, die Moritz Benedikt, der berühmte Kriminalanthropologe, gemacht hat. Sie zeigt, wie eine gewisse Physiologie des Hinterkopfes bedingt, dass man ein Verbrecher ist.

Also bedenken wir, meine lieben Freunde: Ein Verbrecher ist man dadurch, dass die hinteren Hirnlappen Teile des Gehirns nicht bedecken, die bedeckt werden sollen. Gegen diese Wahrheit ist nichts einzuwenden. Es wäre ganz einfältig, sich dagegen aufzulehnen, denn es ist eine Wahrheit. Wenn man Materialist ist, was wird man sagen? Man wird sagen: Es werden Menschen so geboren, dass sie zu kleine Gehirnlappen haben. Die sind dann prädestiniert, Verbrecher zu werden. Sie werden Verbrecher.

Denken Sie – ich brauche das nicht weiter auszuführen –, denken Sie das Trostlose einer solchen Weltanschauung! Denken Sie, wie alles menschliche Fühlen werden muss, wenn man nichts anderes weiß als dieses, wenn man nichts anderes weiß, als dass man sich sagen muss: Menschen werden zu Verbrechern, weil sie von der Natur so hingestellt werden ins Leben, dass sie nichts anderes können, als Verbrecher zu werden.

Beginnt man aber zu wissen, dass der Mensch auch einen Ätherleib hat, so weiß man zu der Sache noch etwas anderes zu sagen. Man weiß etwas anderes dazu, man weiß, dass dieser Ätherleib alle Teile des Gehirns umfasst und dass bei dem, der zu kurze hintere Hirnlappen hat, die entsprechenden Ätherteile noch immer ihre volle Entwicklung erlangen können. Wie er dann aber ist, das kann auch nur mit dem Ätherleib erreicht werden.

Wenn es uns gelingt, eine solche Pädagogik zu haben, dass wir in dieser Pädagogik nicht nur die physische Wissenschaft zu Hilfe rufen, sondern auch die Geisteswissenschaft, dann können wir uns aus der Art und Weise, wie sich ein Kind verhält, einen Blick dafür aneignen, was notwendig ist zu seiner Erziehung und was wir anwenden müssen, sodass der Ätherleib sich so entwickelt, dass er die Wirkung der zu kurzen hinteren Hirnlappen paralysiert (eindämmt). Dann kann der Mensch, wenn sein Hinterhirn im Ätherleib normal ausgebildet ist, trotzdem ein guter Mensch werden, auch wenn er physisch zum Verbrecher prädestiniert wäre.

Hier sehen wir, meine lieben Freunde, wie praktisch das, *was Geisteswissenschaft* geben kann und *geben muss,* in das Leben eingreift.

Denn die rein physische Wissenschaft, sie muss das Verbrecherhirn Verbrecherhirn sein lassen, weil sie nur eine

Wissenschaft zu Hilfe rufen kann, die von dem Physischen genommen ist. Nimmt man aber Rücksicht auf die Geisteswissenschaft, so paralysiert man die physischen Mängel. Das alles ergibt uns das, was sich in die Zukunft hinein entwickeln muss.

Denken wir, diese Geisteswissenschaft würde nicht entstehen. Dann würde niemals die Möglichkeit entstehen, den Ätherleib in einer solchen Weise zu entwickeln. Wer mit einem verkümmerten Gehirn geboren wird, der würde sich so ausleben, wie es dem Gehirn entspricht. Es würde keine Möglichkeit geben, es pädagogisch auszubessern. Die Folge davon wäre, dass die Menschen so werden, wie es ihrer physischen Organisation gemäß ist. Und das würde immer so weitergehen. Die Menschen würden zum «Jupiter» (zur Neuen Erde, s. Fachausdrücke S. 126) kommen und das wäre dann wahr, was die Materialisten heute erträumen.

Wenn nicht durch Geisteswissenschaft das überwunden wird, was aus der bloßen materiellen Organisation folgt, werden sich die Menschen nach und nach so entwickeln, dass diese materielle Organisation maßgebend sein wird. Die Menschen werden bloß ein Ergebnis ihrer materiellen Entwicklung sein.

Dadurch, dass Geisteswissenschaft in das Leben eingreift, wird das auf dem Jupiter nicht so sein. Es wird der Ätherleib wieder den physischen Leib umgestalten. Wenn in einem Leben, in dem frühere Lebensursachen durch das

Karma das physische Gehirn verkümmert haben, der Ätherleib richtig entwickelt wird, wird sich in der nächsten Inkarnation auch das physische Gehirn richtig entwickeln können. Das verhält sich alles so, dass Geisteswissenschaft eine Realität wird, dass sie den Menschen wieder umgestaltet.

Fassen wir diese Gedanken zusammen, dann werden wir uns sagen können: Was die Materialisten von dem Menschen denken, das ist heute nicht eine Realität, denn heute ist der Mensch noch so veranlagt, dass das Geistige eingreifen kann. Aber es könnte eines Tages so werden wie die Materialisten denken, wenn es nach den Materialisten ginge, wenn Geisteswissenschaft durch die Materialisten ausgerottet werden könnte. Die Menschen würden auf dem Jupiter bloß als eine Folge ihrer physischen Organisation leben, wenn die Träume der Materialisten sich erfüllen würden.

Was sind denn die Materialisten? Sie haben eine Weltanschauung, die heute nicht der Wirklichkeit entspricht, die aber einmal bei den Menschen der Wirklichkeit entsprechen kann. Diese Materialisten sind Propheten, nur falsche Propheten. Sie träumen von einer Welt, die, wenn es nach ihnen geht, hergestellt werden kann. Die Materialisten sind Träumer, aber man muss ihren Träumereien entgegenarbeiten.

In demselben Maße, meine lieben Freunde, in dem man einsehen wird, dass die Materialisten Träumer sind, dass man zu den Materialisten sagen muss: «Ihr geht durch die Welt und seht nicht die Wirklichkeit. Ihr träumt von einem

Dasein, das durch Einsichtslosigkeit gegenüber der Welt herbeigeführt wird. Ihr seid falsche Propheten, ihr macht euch allerlei Hirngespinste», in dem Moment wird man sie richtig taxieren – indem man sie als Träumer auffasst, indem man zu jedem Materialisten sagt: Du hast keine Ahnung von der Wirklichkeit, du lebst in deinen Hirngespinsten.

Das entgegengesetzte Urteil von dem, was die Materialisten sich erträumen, wird man haben müssen. Dann wird die Zeit kommen, wo man die Geisteswissenschaft wirklich verstehen wird. Die Geisteswissenschaft wird von diesem Gesichtspunkt aus die Welt umgestalten.[1]

Meine lieben Freunde! Ich habe versucht, in diesen Tagen in einigen Andeutungen dies und jenes über den Zusammenhang der physischen mit der geistigen Welt zu sagen. Ich habe es gesagt aus dem Impuls heraus, der da kommt von den bedeutsamen Ereignissen unserer Zeit. In einer Zeit, in der uns tausendfältig, täglich möchte man sagen, der Tod vor der Seele steht, sind gerade solche Betrachtungen der Menschenseele naheliegend. Denn wie könnte man vom Forschen nach Sinn und Zweck des Daseins absehen in solch schweren Prüfungszeiten, wie die heutigen sind. Dass wir gerade über solche Fragen hier sprechen konnten, das macht es, dass es mir zur tiefen Befriedigung gereicht, auch in dieser schweren Zeit wieder unter Ihnen sein zu können. Ich möchte damit nur die Bemerkung verbinden, dass in der Gegenwart manches nach dem Charakter dieser Gegenwart angesehen werden muss. Es ist jetzt nicht so einfach, überallhin zu reisen, wie es

1 Das Folgende bezieht sich mehr auf interne Angelegenheiten der damaligen Anthroposophischen Gesellschaft.

sonst in Friedenszeiten ist. Daher müssen schon auch auf unserem Gebiet unsere Mitglieder sich bewusst werden, wie sich alle Menschen dessen bewusst sein müssen, dass kriegerische Zeiten andere sind als die normalen Zeiten, und dass wir nicht alles so verlangen können in diesen Zeiten wie in den normalen Zeiten. Ich sage das ganz besonders mit Rücksicht darauf, dass das oftmals gerade von unseren Mitgliedern recht sehr übersehen wird, während doch gerade unsere Mitglieder recht viel Verständnis für unsere Zeit haben müssten, lebendigen Zusammenhang damit haben müssten. Vielfach zeigt es sich, dass unsere Mitglieder gar nicht begreifen können, dass man daran denken muss, in welch schwerer Zeit man lebt, und dass nicht alles in derselben Regelmäßigkeit geschehen kann wie sonst. Daran müssen wir aber festhalten, dass wir auch unserer Sache treu sind. Was ein jeder von uns in dieser Zeit tun kann dadurch, dass die einzelnen Zweige unserer Gesellschaft recht viel, recht gründlich an unserer Sache arbeiten, das wird wirklich nicht nur zum Heil unserer Sache getan, sondern das wird zu einem viel, viel weiteren Heil getan. Es ist natürlich, dass die Gemeinschaft jetzt eine losere sein muss. Umso intensiver muss das Arbeiten in unseren Zweigen besonders in Hinsicht der seelischen Vertiefung sein. Das ist das, was ich gerade in dieser Zeit und heute Ihnen besonders in die Seele und ans Herz legen möchte. Versuchen wir ein jeder gerade in dieser Zeit heilig und treu zu unseren Idealen zu halten, heilig und treu zu dem zu halten, was als Gesinnung sich herausbilden konnte im Laufe der Zeit durch die Geisteswissenschaft. Geisteswissenschaft muss sich nicht nur in leichten, sondern auch in schweren Zeiten bewähren. Es muss dasjenige, was man als einen Grundton unseres ganzen Strebens angeben kann, das muss sich jetzt insbesondere tief mit der Seele verbinden: der Versuch einer allseitigen Erfassung des Lebens. Im Gegensatz zu so vielem, was jetzt in der Außenwelt, in der dem Materialismus zuneigenden Außenwelt, oftmals in Einseitigkeit gegeben wird, wollen wir Vielseitigkeit des Lebens anstreben. Wir sollen wissen, dass, weil wir in jedem Augenblick einer Unendlichkeit gegenüberstehen, wir uns in jedem Augenblick vor jeder bequemen Einseitigkeit hüten müssen. Der eine, meine lieben Freunde, hat vielleicht gehört, dass an irgendeinem Ort, an dem unsere Geisteswissenschaft gepflegt wird, jetzt über allerlei gesprochen werden musste, da sich da oder dort diese oder jene Mängel herausgestellt haben. Wenn mit gewissen Worten diese oder jene Mängel getroffen worden sind, so darf man sich nicht zur anderen Einseitigkeit hinneigen. Wenn zum Beispiel hervorgetreten ist, dass da oder dort Menschen sind, welche von allerlei okkulten Ereignissen, okkulten Erlebnissen gesprochen haben, dieses Sprechen über diese Erlebnisse nicht in der richtigen Weise getan haben, so darf daraus nicht gemacht werden, dass in unserer Gesellschaft die okkulten Erlebnisse nicht die Hauptsache wären. Gewiss sind sie es, denn wir streben aus dem Äußerlichen in das Innerliche hinein. Es war auch nicht ein Bedürfnis vorhanden, gegen okkulte Erlebnisse das eine oder das andere einzuwenden, auf welcher Stufe diese Erlebnisse auch auftreten. Sie sind selbstverständlich dasjenige, worauf man innerhalb unserer Bewegung sehen muss, was zu gelten hat. Denn ein anderes ist es, in einer gewissen Weise, in einer leichtfertigen Weise über okkulte Erlebnisse zu sprechen, ein anderes ist es, zu sagen, man will davon überhaupt nichts mehr hören. Wir haben drei Tage lang von den intimsten okkulten Erlebnissen gesprochen. Eine bloße Denkwissenschaft kann das nicht sein, was in unserem Kreis geschaffen wird. Dazu ist unsere Gesellschaft nicht da. Nicht von einer Einseitigkeit in eine andere dürfen wir kommen. Ich möchte namentlich auf das Intime, auf das mit dem Innersten unseres seelischen Empfindens Zusammenhängende unserer Geisteswissenschaft aufmerksam machen. Dass wir unsere Seele zu etwas anderem machen, wenn wir durch die Geisteswissenschaft durchgehen, als sie vorher war, darauf kommt es an. Und das muss sich auch in schweren Zeiten bewähren. Deshalb wollte ich einmal solche Betrachtungen anstellen, die vielleicht geeignet sind, uns in jene ehrfürchtige Stimmung gegenüber dem geistigen Leben zu versetzen, jene Stimmung, die zum richtigen Geisteswissenschaftler dazugehört. Denn im Grunde genommen ist das größte und das kleinste Ereignis des Lebens, alles im Leben, etwas, was uns mit tiefer Ehrfurcht erfüllt, wenn wir nur von diesem Einzelnen tief genug in die geistigen Untergründe hineinzugehen in der Lage sind. Und auch die schmerzlichen Ereignisse des Lebens, die kleinsten und die größten, sie können durch die Geisteswissenschaft in ein solches Licht gestellt werden, dass ihre Betrachtung dazu beiträgt, in unserer Seele das rechte Verhältnis zu der durch die Welt wallenden und webenden Weisheit zu finden. Vom Gesichtspunkt der Weisheit, der Weltenweisheit, wollten wir einmal Lebensereignisse betrachten, die zusammenhängen mit dem, was so groß aber auch so prüfungsreich sich in der heutigen Zeit in unserer Umgebung abspielt. Wenn wir so fühlen gegenüber unserer Zeit, dann fühlen wir recht dem gegenüber, was wir andeuten wollen mit den Worten:

Aus dem Mut der Kämpfer,
Aus dem Blut der Schlachten,
Aus dem Leid Verlassener,
Aus des Volkes Opfertaten
Wird erwachsen Geistesfrucht,
Lenken Seelen geistbewusst
Ihren Sinn ins Geisterreich.

Seien wir diese Seelen, die in diesem Sinne ihren Sinn ins Geisterreich lenken! Dann werden wir beitragen können zu den Früchten, die sonnenhaft heilsam für die Menschen aufgehen müssen aus den Saaten, die sich blutgetränkt über die Erde hinstreuen in unseren schicksalsschweren Tagen.

Klartextnachschrift (1. Vortrag, 1. Seite)

M. SCHOLL

Manuscript.

Darf nicht weitergegeben, nicht abgeschrieben oder vervielfältigt werden.

Mathilde Scholl
Belfortstrasse 9
Cöln a. Rh.

Zweigvortrag
von
Dr. Rudolf Steiner.

S. 10, 11, 12

Sophie Stinde S. 2.

S. 13/14 Bedeutung der Erinnerungstage an die Toten

Stuttgart, den 22. November 1918.

Meine lieben Freunde,

Unsere erste Pflicht ist wiederum, derer zu gedenken, die draussen auf den grossen Feldern unserer gegenwärtigen Weltgeschichtlichen Ereignisse stehen, die mit Leben und Seele einzutreten haben für die grossen Forderungen unserer Gegenwart :

Geister Eurer Seelen ....

Und der Geist, den wir suchen durch unsere erstrebte Erkenntnis, der Geist, der dem Erdenleben Sinn, Bedeutung, Inhalt giebt, der Geist, der aus göttlichen Sonnenhöhen durch das Mysterium von Golgatha gegangen ist zu der Erde Fortschritt, zu der Erde Freiheit, und zu der Menschen Heil und Fortschritt, der Christusgeist, Er sei mit Euch und Euren schweren Pflichten.

+-+-+-+-+-+-+-+-+-+-+

Meine lieben Freunde,

Es sind ja schon viele derjenigen Seelen, die ihr Streben dem unsrigen verbunden haben, durch die grossen Ereignisse der Zeit durch die Pforte des Todes gegangen. Wie ich schon im Verlaufe dieser kriegerischen Zeiten hier von diesem Orte Ihnen andeuten durfte, x : gerade durch dasjenige, was mit diesen Seelen erlebt worden ist, hat es sich bestärken können : die Seelen, die aus dem Kampfe heraus durch die Pforte des Todes gegangen sind, sie leben weiterhin mit

Klartextnachschrift (3. Vortrag, letzte Seite)

Seien wir diese Seelen, die in diesem Sinne ihren Sinn ins Geisterreich lenken, dann werden wir beitragen können zu den Früchten, die sonnenhaft heilsam für die Menschen aufgehen müssen aus den Saaten, die sich blutgetränkt über die Erde hinstreuen in unseren schicksalsschweren Tagen.

Zuletzt gel. 25. Sept 1987

+ + + + + + + + + + + +

Zeichnung
zu Seite
3 usw.

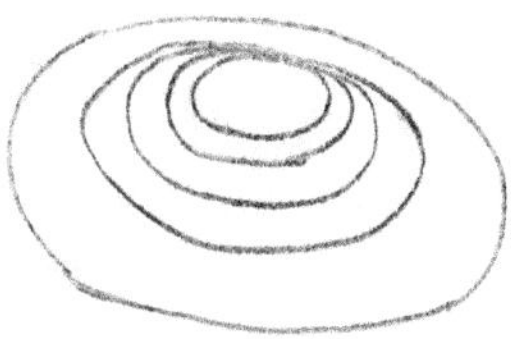

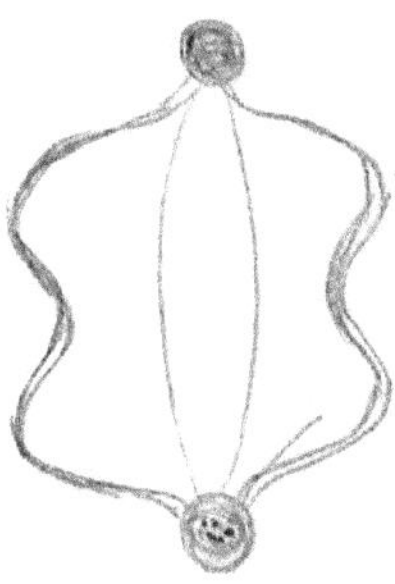

ANHANG

Aus: *Theosophie,* «Die drei Welten, II.»

«Die Seele in der Seelenwelt nach dem Tod»

Die Seele ist das Bindeglied zwischen dem Geist des Menschen und seinem Leib. Ihre Kräfte der Sympathie und Antipathie, die durch ihr gegenseitiges Verhältnis der Seelenäußerungen: Begierde, Reizbarkeit, Wunsch, Lust und Unlust und so weiter bewirken – sie sind nicht nur zwischen Seelengebilde und Seelengebilde tätig, sondern sie äußern sich auch gegenüber den Wesenheiten der anderen Welten, der physischen und der geistigen Welt. Während die Seele im Leib wohnt, ist sie gewissermaßen an allem beteiligt, was in diesem Leib vorgeht. Wenn die physischen Verrichtungen des Leibes mit Regelmäßigkeit vor sich gehen, so entsteht in der Seele Lust und Behagen. Wenn diese Verrichtungen gestört sind, so tritt Unlust und Schmerz ein. – Und auch an den Tätigkeiten des Geistes hat die Seele ihren Anteil: Dieser Gedanke erfüllt sie mit Freude, jener mit Abscheu. Ein richtiges Urteil hat den Beifall der Seele, ein falsches ihr Missfallen. – Ja, es hängt die Entwicklungsstufe eines Menschen davon ab, ob die Neigungen seiner Seele mehr nach der einen oder der anderen Richtung hin gehen. Ein Mensch ist umso vollkommener, je mehr seine Seele mit den Äußerungen des Geistes sympathisiert. Er ist umso unvollkommener, je mehr ihre Neigungen durch die Verrichtungen des Leibes befriedigt werden.

Der Geist ist der Mittelpunkt des Menschen, der Leib der Vermittler, durch den der Geist die physische Welt betrachtet und erkennt und durch den er in ihr wirkt. Die Seele aber ist der Vermittler zwischen beiden. Sie entbindet dem physischen Eindruck, den die Luftschwingungen auf das Ohr machen, die Empfindung des Tones, sie erlebt die *Lust* an diesem Ton. All das teilt sie dem Geist mit, der dadurch zum *Verständnis* der physischen Welt gelangt. Ein Gedanke, der in dem Geist auftritt, wird durch die Seele in den *Wunsch* nach Verwirklichung umgesetzt und kann erst dadurch mithilfe des leiblichen Werkzeuges zur *Tat* werden. – Nun kann der Mensch nur dadurch seine Bestimmung erfüllen, dass er all seinem Wirken die Richtung durch den Geist geben lässt. Die Seele kann *durch sich selbst* ihre Neigungen ebenso gut dem Physischen wie dem Geistigen entgegenbringen. Sie senkt gleichsam ihre Fühlfäden ebenso zum Physischen hinunter, wie sie sie zum Geistigen hinaufstreckt. Durch das Einsenken in die physische Welt wird ihre eigene Wesenheit von der Natur des Physischen durchdrungen und gefärbt. Da der Geist aber nur durch ihre Vermittlung in der physischen Welt wirken kann, so wird ihm selbst dadurch die Richtung auf das Physische gegeben. Seine Gebilde werden durch die Kräfte der Seele nach dem Physischen hingezogen. Man betrachte den unentwickelten Menschen. Die Neigungen seiner Seele hängen an den Verrichtungen seines Leibes. Er empfindet nur Lust bei den Eindrücken, welche die physische Welt auf seine

Sinne macht. Und auch sein Geistesleben wird dadurch ganz in diese Sphäre herabgezogen. Seine Gedanken dienen nur der Befriedigung seines physischen Bedürfnislebens. – Indem das geistige Selbst von Verkörperung zu Verkörperung lebt, soll es immer mehr aus dem Geistigen heraus seine Richtung erhalten. Sein Erkennen soll von dem Geist der ewigen Wahrheit, sein Handeln von der ewigen Güte bestimmt werden.

Der Tod bedeutet, als Tatsache der physischen Welt betrachtet, eine Veränderung der Verrichtungen des Leibes. Dieser hört mit dem Tod auf, durch seine Einrichtung der Vermittler der Seele und des Geistes zu sein. Er zeigt fernerhin sich in seinen Verrichtungen ganz der physischen Welt und ihren Gesetzen unterworfen. Er geht in dieselbe über, um sich in ihr aufzulösen. Nur diese physischen Vorgänge des Leibes können mit den physischen Sinnen nach dem Tod betrachtet werden. Was mit Seele und Geist dann geschieht, das entzieht sich diesen Sinnen. Denn sinnlich können ja auch während des Lebens Seele und Geist nur insofern beobachtet werden, als diese in physischen Vorgängen ihren äußeren Ausdruck erlangen. Nach dem Tod ist ein *solcher* Ausdruck nicht mehr möglich. Deshalb kommt die Beobachtung der physischen Sinne und die sich auf sie begründende Wissenschaft für das Schicksal von Seele und Geist nach dem Tod *nicht in Betracht.* Da tritt eben eine höhere Erkenntnis ein, die auf der Beobachtung der Vorgänge in der Seelen- und der Geisteswelt beruht.

Hat sich nun der Geist von dem Leib gelöst, so ist er noch immer mit der Seele verbunden. Und wie ihn während des physischen Lebens der Leib an die physische Welt gekettet hat, so jetzt die Seele an die seelische. – Aber in dieser seelischen Welt ist nicht sein ureigenes Wesen zu finden. Sie soll ihn nur verbinden mit dem Feld seines Schaffens, mit der physischen Welt. Um in einer neuen Verkörperung mit vollkommenerer Gestalt zu erscheinen, muss er Kraft und Stärkung aus der geistigen Welt schöpfen. Er ist aber durch die Seele in die physische Welt verstrickt worden. Er ist an ein Seelenwesen gebunden, das durchdrungen und gefärbt ist von der Natur des Physischen, und er hat dadurch selbst diese Richtung erhalten. Nach dem Tod ist die Seele nicht mehr an den Leib, sondern nur noch an den Geist gebunden. Sie lebt nun in einer seelischen Umgebung. Nur die Kräfte dieser Welt können daher noch auf sie eine Wirkung haben. Und an dieses Leben der Seele in der Seelenwelt ist zunächst auch der Geist gebunden. Er ist so an dasselbe gebunden, wie er während der physischen Verkörperung an den Leib gebunden ist. Wann der Leib stirbt, das wird durch *dessen* Gesetze bestimmt. Im Allgemeinen muss ja gesagt werden: Nicht die Seele und der Geist verlassen den Leib, sondern sie werden von demselben entlassen, wenn seine Kräfte nicht mehr im Sinne der menschlichen Organisation wirken können. Ebenso ist das Verhältnis von Seele und Geist. Die Seele wird den Geist in die höhere, in die geistige Welt entlassen, wenn ihre Kräfte nicht mehr im Sinne der menschlichen Seelenorganisation wirken können. In dem Augenblick wird der Geist befreit sein, wenn die Seele dasjenige der Auflösung übergeben hat, was sie nur innerhalb des Leibes erleben kann, und nur das übrig behält, was mit dem Geist weiterleben kann. Dies Übrigbehaltene, was zwar im Leib erlebt, aber als Frucht in den Geist eingeprägt werden kann, verbindet die Seele mit dem Geist in der rein geistigen Welt. – Um das Schicksal der Seele nach dem Tod kennenzulernen, muss also ihr Auflösungsprozess betrachtet werden. Sie hatte die Aufgabe, dem Geist die Richtung nach dem Physischen zu geben. In dem Augenblick, wo sie *diese* Aufgabe erfüllt hat, nimmt sie die Richtung nach dem Geistigen. Wegen dieser Natur ihrer Aufgabe müsste sie eigentlich sofort nur geistig tätig sein, wenn der Leib von ihr abfällt, wenn sie also nicht mehr *Bindeglied* sein kann. Und sie würde das auch sein, wenn sie nicht durch ihr Leben im Leib von diesem beeinflusst, in ihren Neigungen zu ihm hingezogen worden wäre. Ohne diese Färbung, die sie durch die Verbindung mit dem Leiblichen erhalten hat, würde sie sogleich nach der Entkörperung den bloßen Gesetzen der geistig-seelischen Welt folgen und keine weitere Hinneigung zum Sinnlichen entwickeln. Und das wäre der Fall, wenn der Mensch beim Tod vollständig alles Interesse an der irdischen Welt verloren hätte, wenn alle Begierden, Wünsche und so weiter befriedigt wären, die sich an das Dasein knüpfen, das er verlassen hat. Sofern dies aber nicht der Fall ist, haftet das nach dieser Richtung Übriggebliebene an der Seele.

Man muss hier, um nicht in Verwirrung zu geraten, sorgfältig unterscheiden zwischen dem, was den Menschen an die Welt so kettet, dass es auch in einer folgenden Verkörperung ausgeglichen werden kann, und dem, was ihn an *eine* bestimmte, an die jeweilig letzte Verkörperung kettet. Das Erstere wird durch das Schicksalsgesetz, Karma, ausgeglichen, das andere aber kann nur nach dem Tod von der Seele abgestreift werden.

Es folgt auf den Tod für den Menschengeist eine Zeit, in der die Seele ihre Neigungen zum physischen Dasein abstreift, um dann wieder den bloßen Gesetzen der geistigseelischen Welt zu folgen und den Geist freizumachen. Es ist naturgemäß, dass diese Zeit umso länger dauern wird, je mehr die Seele an das Physische gebunden war. Sie wird kurz sein bei einem Menschen, der wenig an dem physischen Leben gehangen hat, lang dagegen bei einem solchen, der seine Interessen ganz an dieses Leben gebunden hat, sodass beim Tod noch viele Begierden, Wünsche und so weiter in der Seele leben.

Am leichtesten erhält man von dem Zustand, in dem die Seele in der nächsten Zeit nach dem Tod lebt, eine Vorstellung durch folgende Überlegung. Man nehme ein ziemlich krasses Beispiel dazu: die Genüsse eines Feinschmeckers. Er hat seine Lust am Gaumenkitzel durch die Speisen. Der

Genuss ist natürlich nichts Körperliches, sondern etwas Seelisches. In der Seele lebt die Lust und auch die Begierde nach der Lust. Zur *Befriedigung* der Begierde ist aber das entsprechende körperliche Organ, der Gaumen und so weiter, notwendig. Nach dem Tod hat nun die Seele eine solche Begierde nicht sogleich verloren, wohl aber hat sie das körperliche Organ nicht mehr, welches das Mittel ist, die Begierde zu befriedigen. Es ist nun – zwar aus einem anderen Grund, der aber ähnlich, nur weit stärker wirkt – für den Menschen so, wie wenn er in einer Gegend, in der weit und breit kein Wasser ist, brennenden Durst litte. So leidet die Seele brennend an der Entbehrung der Lust, weil sie das körperliche Organ abgelegt hat, durch das sie die Lust haben kann. So ist es mit allem, wonach die Seele verlangt und das nur durch die körperlichen Organe befriedigt werden kann. Es dauert dieser Zustand (brennender Entbehrung) so lange, bis die Seele gelernt hat, nicht mehr nach solchem zu begehren, was nur durch den Körper befriedigt werden kann. Und die Zeit, welche in diesem Zustand verbracht wird, kann man den Ort der Begierden nennen, obgleich man es natürlich nicht mit einem «Ort» zu tun hat.

Betritt die Seele nach dem Tod die seelische Welt, so ist sie deren Gesetzen unterworfen. Diese wirken auf sie, und von dieser Wirkung hängt es ab, in welcher Art die Neigung zum Physischen in ihr getilgt wird. Die Wirkungen müssen verschieden sein, je nach den Arten der Seelenstoffe und Seelenkräfte, in deren Bereich sie nunmehr versetzt ist. Jede dieser Art wird ihren reinigenden, läuternden Einfluss geltend machen. Der Vorgang, der hier stattfindet, ist so, dass alles Antipathische in der Seele allmählich von den Kräften der Sympathie überwunden, und dass diese Sympathie selbst bis zu ihrem höchsten Gipfel geführt wird. Denn durch diesen höchsten Grad von Sympathie mit der ganzen übrigen Seelenwelt wird die Seele gleichsam in dieser zerfließen, eins mit ihr werden. Dann ist ihre Eigensucht völlig erschöpft. Sie hört auf, als ein Wesen zu existieren, das dem physisch-sinnlichen Dasein zugeneigt ist: Der Geist ist durch sie befreit. Daher läutert sich die Seele durch die oben beschriebenen Regionen der Seelenwelt hindurch, bis sie in der Region der vollkommenen Sympathie mit der allgemeinen Seelenwelt eins wird. Dass der Geist bis zu diesem letzten Moment der Befreiung seiner Seele selbst an diese gebunden ist, rührt daher, dass er durch sein Leben mit ihr ganz verwandt geworden ist. Diese Verwandtschaft ist eine viel größere als die mit dem Leib. Denn mit dem Letzteren ist er mittelbar durch die Seele, mit dieser aber unmittelbar verbunden. Sie ist ja sein Eigenleben. Deshalb ist der Geist nicht an den verwesenden Leib, wohl aber an die sich allmählich befreiende Seele gebunden. – Wegen der unmittelbaren Verbindung des Geistes mit der Seele kann der Erstere sich von dieser erst dann frei fühlen, wenn sie selbst mit der allgemeinen Seelenwelt eins geworden ist.

Insofern die seelische Welt der Aufenthalt des Menschen unmittelbar nach dem Tod ist, kann sie der «Ort der Begierden» genannt werden. Die verschiedenen Religionssysteme, die ein Bewusstsein von diesen Verhältnissen in ihre Lehren aufgenommen haben, kennen diesen «Ort der Begierden» unter dem Namen «Fegefeuer», «Läuterungsfeuer» und so weiter.

Die niederste Region der Seelenwelt ist diejenige der *Begierdenglut.* Durch sie wird nach dem Tod all das aus der Seele ausgetilgt, was sie an gröbsten, mit dem niedersten Leibesleben zusammenhängenden selbstsüchtigen Begierden hat. Denn durch solche Begierden kann sie von den Kräften dieser Seelenregion eine Wirkung erfahren. Die unbefriedigten Begierden, die aus dem physischen Leben zurückgeblieben sind, bilden den Angriffspunkt. Die Sympathie solcher Seelen erstreckt sich nur über das, was ihr eigensüchtiges Wesen nähren kann, und sie wird weit überwogen von der Antipathie, die sich über alles andere ergießt. Nun gehen aber die Begierden auf die physischen Genüsse, die in der Seelenwelt nicht befriedigt werden können. Durch diese Unmöglichkeit der Befriedigung wird die Gier aufs Höchste gesteigert. Zugleich muss aber diese Unmöglichkeit die Gier allmählich verlöschen. Die brennenden Gelüste verzehren sich nach und nach, und die Seele hat erfahren, dass in der Austilgung solcher Gelüste das einzige Mittel liegt, das Leid zu verhindern, das aus ihnen kommen muss. Während des physischen Lebens tritt ja doch immer wieder und wieder Befriedigung ein. Dadurch wird der Schmerz der brennenden Gier durch eine Art Illusion verdeckt. Nach dem Tod, im «Läuterungsfeuer», tritt dieser Schmerz ganz unverhüllt auf. Die entsprechenden Entbehrungserlebnisse werden durchgemacht. Ein finsterer Zustand ist es, in dem die Seelen sich dadurch befinden. Nur diejenigen Menschen können selbstverständlich diesem Zustand verfallen, deren Begierden im physischen Leben auf die gröbsten Dinge abzielten. Naturen mit wenig Gelüsten gehen, ohne dass sie es merken, durch ihn hindurch, denn sie haben zu ihm keine Verwandtschaft. Es muss gesagt werden, dass durch die Begierdenglut die Seelen umso länger beeinflusst werden, je verwandter sie durch ihr physisches Leben dieser Glut geworden sind; je mehr sie es daher nötig haben, in ihr geläutert zu werden. Man darf solche Läuterung nicht in demselben Sinne als ein Leiden bezeichnen, wie man Ähnliches in der Sinnenwelt *nur* als Leiden empfinden müsste. Denn die Seele *verlangt* nach dem Tod nach ihrer Läuterung, weil nur durch diese eine in ihr bestehende Unvollkommenheit getilgt werden kann.

Eine zweite Art von Vorgängen der Seelenwelt ist so, dass sich Sympathie und Antipathie bei ihnen das Gleichgewicht halten. Insofern eine Menschenseele in dem gleichen Zustand nach dem Tod ist, wird sie eine Zeit lang von diesen

Vorgängen beeinflusst. Das Aufgehen im äußeren Tand des Lebens, die Freude an den vorüberflutenden Eindrücken der Sinne bedingen diesen Zustand. Die Menschen leben in ihm, insofern er durch die angedeuteten Seelenneigungen bedingt ist. Sie lassen sich von jeder Nichtigkeit des Tages beeinflussen. Da aber ihre Sympathie sich keinem Ding in besonderem Maße zuwendet, gehen die Einflüsse rasch vorüber. Alles, was nicht diesem nichtigen Reich angehört, ist solchen Personen antipathisch. Erlebt nun nach dem Tod die Seele diesen Zustand, ohne dass die sinnlich-physischen Dinge da sind, die zu seiner Befriedigung notwendig gehören, so muss er endlich verlöschen. Natürlich ist die Entbehrung, die vor dem völligen Erlöschen in der Seele herrscht, leidvoll. Diese leidvolle Lage ist die Schule zur Zerstörung der Illusion, in die der Mensch während des physischen Lebens eingehüllt ist.

Drittens kommen in der Seelenwelt die Vorgänge in Betracht mit vorherrschender Sympathie, diejenigen mit vorherrschender Wunschnatur. Ihre Wirkung erfahren die Seelen durch all das, was eine Atmosphäre von Wünschen nach dem Tod erhält. Auch diese Wünsche ersterben allmählich wegen der Unmöglichkeit ihrer Befriedigung.

Die Region der Lust und Unlust in der Seelenwelt, die oben als die vierte bezeichnet worden ist, legt der Seele besondere Prüfungen auf. Solange diese im Leib wohnt, nimmt sie an allem teil, was diesen Leib betrifft. Das Weben von Lust und Unlust ist an diesen geknüpft. Er verursacht ihr Wohlgefühl und Behagen, Unlust und Unbehagen. Der Mensch empfindet während des physischen Lebens seinen Körper als sein Selbst. Das, was man *Selbstgefühl* nennt, gründet sich auf diese Tatsache. Und je sinnlicher die Menschen veranlagt sind, desto mehr nimmt ihr Selbstgefühl diesen Charakter an. – Nach dem Tod fehlt der Leib als Gegenstand dieses Selbstgefühls. Die Seele, welcher dieses Gefühl geblieben ist, fühlt sich deshalb wie *ausgehöhlt*. Ein Gefühl, wie wenn sie sich selbst verloren hätte, befällt sie. Dieses hält so lange an, bis erkannt ist, dass im Physischen nicht der wahre Mensch liegt. Die Einwirkungen dieser vierten Region zerstören daher die Illusion des leiblichen Selbst. Die Seele lernt diese Leiblichkeit nicht mehr als etwas Wesentliches empfinden. Sie wird geheilt und geläutert von dem Hang zu der Leiblichkeit. Dadurch hat sie überwunden, was sie vorher stark an die physische Welt kettete, und sie kann die Kräfte der Sympathie, die nach außen gehen, voll entfalten. Sie ist sozusagen von sich abgekommen und bereit, teilnahmsvoll sich in die allgemeine Seelenwelt zu ergießen.

Es soll nicht unerwähnt bleiben, dass die Erlebnisse dieser Region im besonderen Maß Selbstmörder durchmachen. Sie verlassen auf künstlichem Weg ihren physischen Leib, während doch alle Gefühle, die mit diesem zusammenhängen, unverändert bleiben. Beim natürlichen Tod geht mit dem Verfall des Leibes auch ein teilweises Ersterben der an ihn sich heftenden Gefühle einher. Bei Selbstmördern kommen dann noch zu der Qual, die ihnen das Gefühl der plötzlichen Aushöhlung verursacht, die unbefriedigten Begierden und Wünsche, wegen deren sie sich entleibt haben.

Die fünfte Stufe der Seelenwelt ist die des *Seelenlichtes.* Die Sympathie mit anderem hat in ihr bereits eine hohe Geltung. Mit ihr sind die Seelen verwandt, insofern sie während des physischen Lebens nicht in der Befriedigung niederer Bedürfnisse aufgegangen sind, sondern Freude, Lust an ihrer Umwelt gehabt haben. Die Naturschwärmerei, insofern sie einen sinnlichen Charakter an sich getragen hat, unterliegt zum Beispiel hier der Läuterung. Man muss aber *diese* Art von Naturschwärmerei wohl unterscheiden von jenem höheren Leben in der Natur, das geistiger Art ist und welches den Geist sucht, der sich in den Dingen und Vorgängen der Natur offenbart. Diese Art von Natursinn gehört zu den Dingen, die den Geist selbst entwickeln, und die ein Bleibendes in diesem Geist begründen. Von *diesem* Natursinn ist aber eine solche Lust an der Natur zu unterscheiden, die ihren Grund in den Sinnen hat. Dieser gegenüber bedarf die Seele ebenso der Läuterung wie gegenüber anderen Neigungen, die im bloßen physischen Dasein begründet sind. Viele Menschen sehen in Einrichtungen, die der sinnlichen Wohlfahrt dienen, in einem Erziehungssystem, das vor allem sinnliches Behagen herbeiführt, eine Art Ideal. Von ihnen kann man nicht sagen, dass sie nur ihren selbstsüchtigen Trieben dienen. Aber ihre Seele ist doch auf die Sinnenwelt gerichtet und muss durch die in der fünften Region der seelischen Welt herrschende Kraft der Sympathie, der diese äußeren Befriedigungsmittel fehlen, geheilt werden. Die Seele erkennt hier allmählich, dass diese Sympathie andere Wege nehmen muss. Und diese Wege werden gefunden in der durch die Sympathie mit der Seelenumgebung bewirkten Ausgießung der Seele in den Seelenraum. – Auch diejenigen Seelen, welche von ihren religiösen Verrichtungen zunächst eine Erhöhung ihrer sinnlichen Wohlfahrt verlangen, werden hier geläutert. Sei es, dass ihre Sehnsucht auf ein irdisches, sei es, dass sie auf ein himmlisches Paradies gehe. Sie finden im «Seelenland» dieses Paradies, aber nur zu dem Zweck, um die Wertlosigkeit desselben zu durchschauen. All das sind natürlich nur einzelne Beispiele für Läuterungen, die in dieser fünften Region stattfinden. Sie könnten beliebig vermehrt werden.

Durch die sechste Region, diejenige der *tätigen Seelenkraft,* findet die Läuterung des tatendurstigen Teiles der Seele statt, der nicht einen egoistischen Charakter trägt, doch aber in der sinnlichen Befriedigung, welche die Taten bringen, seine Motive hat. Naturen, die eine solche Tatenlust entwickeln, machen äußerlich durchaus den Eindruck von Idealisten; sie zeigen sich als aufopferungsfähige Personen. Im tieferen Sinne kommt es ihnen aber doch auf die Erhöhung eines sinnlichen Lustgefühles an. Viele künstlerische

Naturen und solche, welche sich wissenschaftlicher Betätigung hingeben, weil es ihnen so gefällt, gehören hierher. Was diese an die physische Welt kettet, das ist der Glaube, dass Kunst und Wissenschaft um eines solchen Gefallens willen da seien.

Die siebte Region, die des eigentlichen *Seelenlebens,* befreit den Menschen von seinen letzten Hinneigungen zur sinnlich-physischen Welt. Jede vorhergehende Region nimmt von der Seele das auf, was ihr verwandt ist. Was nun noch den Geist umgibt, das ist die Meinung, dass seine Tätigkeit der sinnlichen Welt ganz gewidmet sein soll. Es gibt hoch begabte Persönlichkeiten, die aber über nicht viel anderes nachsinnen als über die Vorgänge der physischen Welt. Man kann einen solchen Glauben einen materialistischen nennen. Dieser Glaube muss zerstört werden, und er wird es in der siebten Region. Da sehen die Seelen, dass keine Gegenstände für materialistische Gesinnung in der wahren Wirklichkeit vorhanden sind. Wie Eis in der Sonne schmilzt dieser Glaube der Seele hier dahin. Das Seelenwesen ist nunmehr aufgesogen von seiner Welt, der Geist aller Fesseln ledig. Er schwingt sich auf in die Regionen, wo er nur in seiner eigenen Umgebung lebt. – Die Seele hat ihre vorige Erdenaufgabe erfüllt, und es hat sich nach dem Tod gelöst, was von dieser Aufgabe als eine Fessel für den Geist geblieben ist. Indem die Seele den Erdenrest überwunden hat, ist sie selbst ihrem Element zurückgegeben.

Man sieht aus dieser Darstellung, dass die Erlebnisse der seelischen Welt, und damit auch die Zustände des seelischen Lebens nach dem Tod, ein immer weniger der Seele widerstrebendes Aussehen gewinnen, je mehr der Mensch von dem abgestreift hat, was ihm von der irdischen Verbindung mit der physischen Körperlichkeit an unmittelbarer Verwandtschaft mit dieser anhaftet. – Je nach den im physischen Leben geschaffenen Vorbedingungen wird die Seele länger oder kürzer der einen oder anderen Region angehören. Wo sie Verwandtschaft fühlt, bleibt sie so lange, bis diese getilgt ist. Wo keine Verwandtschaft vorhanden ist, geht sie unfühlend über die möglichen Einwirkungen hinweg. Es sollten hier nur die Grundeigenschaften der Seelenwelt geschildert und der Charakter des Lebens der Seele in dieser Welt in allgemeinen Zügen dargestellt werden. Dasselbe gilt für die folgenden Darstellungen des Geisterlandes. Es würde die Grenzen, welche dieses Buch einhalten soll, überschreiten, wenn auf weitere Eigenschaften dieser höheren Welten eingegangen werden sollte. Denn von dem, was sich mit Raumverhältnissen und dem Zeitverlauf vergleichen lässt, in Bezug auf die hier alles ganz anders ist als in der physischen Welt, kann nur verständlich gesprochen werden, wenn man es in ganz ausführlicher Art darstellen will. Einiges Wichtige darüber findet man in meiner «Geheimwissenschaft».

Nachwort

Eine der wichtigsten, heftig umstrittenen Fragen unserer Zeit ist die Frage der Beziehung zwischen Naturnotwendigkeit und menschlicher Freiheit. Die neurobiologische Forschung kann immer überzeugender beweisen, dass alle Phänomene des Bewusstseins zumindest in einer gewissen Abhängigkeit von den Vorgängen im Gehirn stehen.

Rudolf Steiner sieht die Sache vom Gesichtspunkt der Evolution an. Die Art und Weise, wie Gehirn und Bewusstsein aufeinander wirken, ist selbst in Entwicklung begriffen. Das Wesen der Freiheit liegt darin, dass es heute jedem Menschen freisteht, an den Inhalten seines Bewusstseins, an seinem Denken so zu arbeiten, dass es immer schöpferischer, immer «gehirnfreier» wird. Weil das aber jedem freisteht, muss es keiner tun. Das Versäumen dieses Freiheitlichen verleiht den Naturkräften immer mehr Gewalt, immer mehr Bestimmungskraft auf den Geist des Menschen.

Der Mensch wird am Ende seiner Entwicklung als bloßes Resultat, als bloße Wirkung von Naturkräften dastehen, wenn er systematisch alles Schöpferische seines Geistes unterlässt. Allerdings ist es nicht in einem einzigen Leben möglich, das Gesamtvermögen des freien Schaffens rückgängig zu machen. Dazu bedarf es einer längeren Entwicklung, die sich über mehrere Lebensläufe erstreckt. Dasselbe gilt für die Verwirklichung des Gesamtvermögens der Freiheit.

Die Wahl der Freiheit wird vom einzelnen Menschen getroffen, ob er sich dies bewusst macht oder nicht. In jedem Augenblick der Entwicklung steht es dem Individuum frei, mehr oder weniger Wachsamkeit im Denken zu üben, mehr oder weniger Willenskraft im Handeln zu entfalten. In der ersten Hälfte seiner Entwicklung wurde der Mensch von Natur und Kultur geprägt und getragen; in der zweiten Hälfte liegt es zunehmend in der Freiheit des Individuums, alles Gruppenhafte zum Werkzeug einer einzigartigen, ganz individualisierten Schöpfung zu machen.

Diese Vorträge stellen einen wichtigen Beitrag für die positive Entwicklung des Menschengeistes dar. Die Besinnung auf die Verstorbenen, auf die sogenannten Toten, hilft den auf der Erde Lebenden, den Menschen als reinen Geist zu erfassen. Jenseits des Todes erlebt der Mensch nichts mehr von dem, was der Welt der Materie angehört: keinen Körper, keine sinnliche Wahrnehmung, keine Mahlzeit, keinen Händedruck. Mit den Toten leben heißt, auch im Umgang mit der Welt der Materie im eigenen Geist immer mehr Freiheit und Liebe zu erleben.

Auf ergreifende Weise schildert Rudolf Steiner, was unsere Gedanken an die Toten für diese bedeuten. Sie sind für die Verstorbenen, was für uns die Welt der Kunst, die Welt des Schönen ist. Neben der Welt der Natur schafft der Mensch in seiner Fantasie, in seiner Vorstellungskraft eine andere Welt dazu, die nicht sein muss, ohne die er aber nicht gut leben kann. Auch unsere Erinnerung an die Toten muss nicht sein, aber die Verstorbenen sind dankbar für jeden unserer Gedanken an sie. Diese machen für sie die Welt des Geistes «schön», die nicht weniger als die Welt der Natur von Notwendigkeiten durchtränkt ist.

Wenn wir Lebenden etwas tun, leben wir in unserem eigenen Handeln, in dem, was wir beabsichtigen und erreichen wollen. Die Toten leben ganz im Gegenteil in den Wirkungen ihrer vergangenen Taten: nicht in dem, was sie selbst gewollt oder vollbracht haben, sondern in dem, was das von ihnen Gewollte und Getane in anderen Menschen und in der Welt verursacht hat. Sie leben, um es geisteswissenschaftlich zu sagen, in der «Welt der Wirkungen». Die Übung dieser Kunst, sich im Leben nach dem Tod in andere hineinzuversetzen, erzeugt die Kräfte des Karmas, die es dem Menschen ermöglichen, erneut auf die Erde zu kommen, um das auszugleichen, was er durch sein Tun verursacht hat.

Dies erklärt auch einen anderen, wichtigen Gedanken, der in diesen Vorträgen ausgeführt wird. Im Leben auf der Erde stehen wir wie in einem Mittelpunkt und entzünden das Ich-Bewusstsein durch die Wahrnehmungen, die von uns aus überall zur Peripherie hindrängen. Nach dem Tod lebt der Mensch umgekehrt «außer sich»: Nicht äußerliche Wahrnehmungen hat er, sondern er erlebt, wie er selbst von geistigen Wesen wahrgenommen wird. Da erlebt er, was er in der geistigen Welt gilt, was er geistig ist. Indem er erlebt, wie die Engel auf ihn schauen, vermittelt ihm dieser Blick die tiefste, objektivste Selbsterkenntnis.

Während des ersten Weltkriegs waren Fälle jung sterbender Menschen besonders zahlreich. Rudolf Steiner geht auch auf dieses Rätsel ein und schildert aus seiner Forschung im Geistigen, wie die Lebenskräfte jung Verstorbener, die darauf verzichtet haben, sich in der Welt der Materie auszuleben, die Keime für eine geistige Entwicklung sind. Sie entsprechen den Idealen, die Menschen auf der Erde zu immer neuen Taten beflügeln.

Pietro Archiati
(im Winter 2008/09)

Zu dieser Ausgabe

Von diesen Vorträgen wurden die vom 23. und 24. November erstmals in *Was in der Anthroposophischen Gesellschaft vorgeht* im Jahr 1937 gedruckt. Alle drei zusammen erschienen 1945 unter dem Titel: *Das Geheimnis des Todes. Treue – Wahrheitssinn – Richtungsfestigkeit.* In der Rudolf Steiner Gesamtausgabe sind sie im Band Nr. 174b, *Die geistigen Hintergründe des ersten Weltkrieges* (1. Auflage 1974, 2. Auflage 1994) enthalten.

Zu den Unterlagen heißt es in GA 174b, S. 383: «*Textunterlagen:* Auf wen die einzelnen Nachschriften zurückgehen, ist nur noch teilweise festzustellen. Der 1. Vortrag ist ein Referat, das Adolf Arenson aus dem Gedächtnis und nach Notizen verschiedener Teilnehmer ausgearbeitet hat. Die Vorträge 9 – 15 wurden mitstenographiert von Hedda Hummel (Köln). Wer die übrigen Vorträge mitgeschrieben hat, ist nicht bekannt.» Der «1. Vortrag» ist vom 30. September 1914. Die Vorträge 9 – 15 sind aus der Zeit vom 11. Mai 1917 bis 26. April 1918: Sie sind viel später als die drei hier abgedruckten gehalten worden.

Für die **drei Vorträge** dieser Ausgabe steht den *Rudolf Steiner Ausgaben* eine Nachschrift (s. Faksimile S. 102-103) zur Verfügung, die sich im Besitz von Mathilde Scholl befand und auf die auch der Text von GA 174b zurückgeführt wird. Für den 2. und den 3. Vortrag gibt es noch eine zweite

Klartextnachschrift, die in ihrem Wortlaut von der anderen nur geringfügig abweicht.

Der **Anhang** folgt der Fassung der Ausgabe letzter Hand 1922. Die Rechtschreibung entspricht der aktuellen Regelung (2006). Die Zeichensetzung betreffend ist das Semikolon sparsam eingesetzt. Das heute überholte Dativ-e ist entfernt.

Alle Titel dieser Ausgabe sowie die Inhaltsangaben stammen vom Redakteur. Auf der Webseite der *Rudolf Steiner Ausgaben* findet der Leser alle vorhandenen Klartextnachschriften der Vorträge in vollem Umfang faksimiliert wiedergegeben. Die zwei Zeichnungen im letzten Vortrag sind denen der Nachschrift mit dem Besitzvermerk «Mathilde Scholl» nachgezeichnet.

Fachausdrücke der Geisteswissenschaft

Entwicklung von Erde und Mensch

7 planetarische Zustände der Erde:	1. Saturn-, 2. Sonnen-, 3. Monderde, 4. Erde (jetziger Planet), 5. Jupiter-, 6. Venus-, 7. Vulkanerde
7 geologische Zeiten der jetzigen Erde:	1. Polarische, 2. hyperboräische, 3. lemurische Erdenzeit 4. atlantische Erdenzeit 5. nachatlantische (die jetzige), 6., 7. Erdenzeit
7 Kulturperioden der «nachatlantischen» Zeit (je 2160 Jahre):	1. Indische, 2. persische, 3. ägypt.-chaldäische Kulturper. 4. griech.-römische Kulturperiode (747 v.–1413 n.Chr.); 5. unsere Kulturperiode (1413–3573 n.Chr.), 6., 7. Kulturper.

Das Wesen des Menschen

3 Körper-Hüllen:	1. Physischer Körper 2. Ätherischer Körper, Ätherleib, Bildekräfteleib 3. Astralischer Körper, Astralleib, Empfindungsleib
3 Seelen-Kräfte:	1. Empfindungsseele 2. Gemüts- oder Verstandesseele 3. Bewusstseinsseele
3 Geistes-Glieder:	1. Geistselbst (höheres Ich) 2. Lebensgeist 3. Geistesmensch
Aus 9 wird 7:	1. Physischer Leib, 2. Ätherleib, 3. Astralleib, 4. Ich, 5. Geistselbst, 6. Lebensgeist, 7. Geistesmensch

Dreiheit in Mensch und Welt

Geistige Wesen:	«Luzifer»	«Christus»	«Ahriman»
Evangelium:	Diabolos	Streben nach Gleich-gewicht	Satanas
Geistig:	Spiritualismus		Materialismus
Seelisch:	Schwärmerei		Pedanterie
Physisch:	Entzündung		Sklerose
Moralisch:	hemmend	fördernd	hemmend

Naturelemente

Ätherwelt:	Wärmeäther	Lichtäther	Ton-/Zahlenäther	Lebensäther
Phys. Welt:	Wärme	Luft	Wasser	Erde
Unternatur:	Schwerkraft	Elektrizität	Magnetismus	Atomkraft
Naturgeister:	Salamander	Sylphen	Undinen	Gnomen

Stufen der Einweihung

1. Imagination:	Bilder sehen – in der Akasha-Chronik (Ätherwelt)
2. Inspiration:	Worte hören – in der Seelenwelt (Astralwelt)
3. Intuition:	Wesen erkennen – in der geistigen Welt (Devachan)

Engel-Hierarchien

		Griechisch (Dionysios)	Lateinisch (Thomas v. Aq.)	Deutsch (Martin Luther)	Geisteswissenschaft (Rudolf Steiner)
1. Hierarchie	9.	Seraphim	Seraphim	Seraphim	Seraphim Geister der Liebe
	8.	Cherubim	Cherubim	Cherubim	Cherubim G. der Harmonien
	7.	Thronoi (Θρόνοι)	Throni	Throne	Throne G. des Willens
2. Hierarchie	6.	Kyriotetes (Κυριότητες)	Dominationes	Herrschaften	Geister der Weisheit
	5.	Dynamis (Δυνάμεις)	Virtutes	Mächte	G. der Bewegung
	4.	Exousiai (Ἐξουσίαι)	Potestates	Gewalten	Geister der Form
3. Hierarchie	3.	Archai (Ἀρχαί)	Principatus	Fürstentümer	Archai Zeitgeister G. d. Persönlichkeit
	2.	Archangeloi (Ἀρχάγγελοι)	Archangeli	Erzengel	Erzengel Volksgeister Feuergeister
	1.	Angeloi (Ἄγγελοι)	Angeli	Engel (Schutzengel)	Engel Schutzengel G. des Zwielichts Söhne des Lebens

Unterste Hierarchiestufe: Der Mensch

Rudolf Steiner (1861-1925) ergänzt die moderne Naturwissenschaft durch eine umfassende Geisteswissenschaft, die Anthroposophie, die in der heutigen Kultur eine einzigartige Herausforderung zur Überwindung des Materialismus ist, der die Menschheit in den Untergang zu führen droht.

Die Anthroposophie hat ihre Fruchtbarkeit vor allem in der Erneuerung verschiedener Lebensbereiche gezeigt: der Erziehung, der Medizin, der Kunst, der Landwirtschaft. Der Wahrheitsgehalt der Geisteswissenschaft lag Rudolf Steiner ganz besonders am Herzen, weil er in ihm den Inspirations- und Kraftquell für alle äußere Tätigkeit sah.

Von den Vorträgen Rudolf Steiners sind Klartextübertragungen und Nachschriften unterschiedlicher Qualität erhalten. Die Vorträge lagen bis vor Kurzem überwiegend in einer stark bearbeiteten Fassung vor. Die ursprünglichen Klartextübertragungen, die zu Beginn des 21. Jahrhunderts der Öffentlichkeit zugänglich gemacht worden sind, machen es möglich, dem von Rudolf Steiner gesprochenen Wort näherzukommen.